사랑이란 무엇인가

사랑은 이런 것이다

-재미있는 웃음거리-

이정빈 지음

지성문화사

■ 저자의 변명

인간은 본능으로 되돌아 온다

인간은 누구나 야누스적인 측면을 가지고 있다. 생각하는 것과 말하는 것이 다를 수 있으며, 말하는 것과 행동하는 것이 다를 수 있다. 말하자면 생각과 말과 행동이 제각각인 것이다.

사람들은 누구나 적어도 네 가지의 자기를 가지고 있다.

① 겉으로 나타내고 있는 자기,

② 상상하고 있는 자기,

③ 다른 사람이 보는 자기,

④ 실제의 자기이다.

첫째는 외견상의 자기이다. 인간은 대인 관계에서 자기의 제일 좋은 면을 앞에 내놓는다. 불유쾌하고 바람직하지 못한 기질을 숨기고, 유쾌하고 슬기로우며, 매력있는 것으로써 자기를 표현하고자 노력한다.

나도 당신도 여기에서 예외일 수는 없다.

일례로 여자 문제에 있어서 나는 겉으로는 대체로 담백한 편이다. 문란한 생활을 하면서 추문을 뿌리는 사람들을 보거나 이야기로 들을 때 눈살을 찌푸리며 경멸한다.

둘째는 상상하고 있는 자기이다. 대부분의 사람들은 몽상가적인 기질을 가지고 있다. 상상 속에서 곧잘 자기의 찬란한 인생을 생각한다. 이런 것이 희망으로 작용하여 자기를 분발시키는 계기가 되기도 한다.

상상 속에서는 아리따운 여성과 뜨거운 연애를 하기도 한다. 맘껏 방탕에 빠지기도 하며 감히 넘볼 수 없는 여자까지도 함부로 건드린다.

겉으로 나타내고 있는 나는 지극히 이상적인 표정을 하고 있지만, 나의 상상을 이렇듯 혼란스럽다. 누가 알까 무서울 정도로 추한 구석이 많다.

셋째는 다른 사람이 보는 자기이다. 이 문제는 전적으로 다른 사람의 생각에 있으므로, 여러 유형의 모습으로 나타날 것이다.

적절한 예가 되는지는 모르겠지만, 개를 두고 말한다면, 고양이란 놈은 겁쟁이에다가 쫓겨다니기만 하는 대상으로 반영된다. 그러나 쥐란 놈한테는 두려움의 대상이다. 또한 다른 한 마리의 고양이에게는 유쾌한 친구이거나 경쟁 상대일 수도 있다.

결혼 전에 나를 죽자사자 쫓아다니는 아가씨가 있었는데, 내가 좋아하는 상대는 따로 있었다. 그러나 내가 좋아하는 그 아가씨는 나를 탐탁지 않게 여겼다. 이런 실례를 들자면 무척 많다. 나를 좋아하는 친구가 있는 반면에 싫어하는 사람이 있다. 나의 능력이 비범하다고 평가해주는 사람이 있는 반면에 그저 그렇다고 하는 사람도 있고, 격하시키는 사람도 있다.

이런 것을 두고 볼 때 다른 사람이 보는 자기는 천차 만별이다.

넷째는 실제의 자기를 말한다. 여기에서는 앞에서 말한 세가지의 자기를 포함한 복잡한 자기이다.

나는 슬플 때라도 웃을 때가 있다. 마음속으로는 노래를 부르고 싶도록 기쁜 데도 겉으로는 침통한 표정을 짓기도 한다. 어느 여자를 환장하게 좋아하면서도 안 그런 척하기도 한다.

그러나 혼자 있을 때는 본능을 생각한다. 본능으로 되돌아오고 싶어 한다. 이런 나를 천하에 없는 위선자라고 돌을 던질 사람이 있을까?

사설(辭設)이 길었다.

긴 사설을 늘어놓은 이유는 나도 당신도, 그리고 저쪽에 있는 당신도 인간으로서 솔직해지자는 이유에서이다. 위선의 옷을 잠시 벗어놓고 실제의 자기로 돌아 가자는 말이다.

간혹 문화계의 어느 공연이나 작품이 예술(藝術)인가, 외설(猥褻)인가 하는 논쟁이 사회 문제로 대두될 때가 있다.

나는 그 기준을 어디에 두고 판정을 내리는 것인지는 모르지만, 너무 애매하여 고개를 갸우뚱거릴 때가 있다.

영화나 연극을 보고 실로 뒷맛이 개운치 않은 작품이 예술로 분류되어 있기도 하고, 외설이라 철퇴를 맞은 작품에서 예술성 및 치열한 작가 정신을 발견한 경우도 적지 않다.

예나 지금이나 우리 나라 대부분의 사람들은 도덕 군자요, 요조 숙녀요, 금욕주의자들이다. 성(性)을 추하게 여기고 말하거나 글로 쓰기를 꺼린다. 겉으로만 그렇다.

그러나 유심히 보면 모두들 뒷구멍으로 호박씨를 잘도 깐다. 안 그런 척하면서도 할 것은 다하고, 들을 것은 다 듣고, 볼 것은 다 본다.

사실 아무리 고매한 성인, 철학자라 하더라도 성욕을 완전히 억제하지는 못한다. 다만 그것을 표현하는 방법이나 억제하는 행태가 달랐을 뿐이다.

인간은 누구나 상상하는 자기는 온갖 욕망을 느끼게 마련이지만, 욕망대로 행동할 수는 없다. 사회의 규범과 윤리 도덕이 시퍼렇게 살아 있기 때문이다. 따라서 욕망을 억제하는 것이 좀더 높은 차원의 정신으로 승화되기도 한다.

도덕은 항상 인간에게 참기 힘든 욕망을 애써 참으라고 요구한다. 본능적인 충동을 억제하라고 가르친다.

도덕의 엄숙한 명령을 거역하지 않으려 했던 사람들을 세상은 고결한 인간이었다고 평가했고, 지금도 앞으로도 계속 그럴 것이다.

그러나 모든 인간이 도덕적으로 고를 수는 없다. 본능에 좀더 충실했던 사람들은 여러 가지 방법으로 본능을 표출해야만 했다.

그리하여 그런 문제를 입에서 입으로 전하는 가운데 민요
·판소리를 비롯한 패관 문학(稗官文學))을 남겼고, 거기에는
적나라한 인간의 본능이 표출되어 있다.

민요를 보면 그 밑바탕에 질탕한 성(性)이 깔려 있는 경우
가 많다.

나는 죽어 맷돌 밑짝이 되고요
너는 죽어 윗짝이 되어라
어랑어랑 어랑 내 사랑아

청양(靑陽) 지방의 민요이다.

이 민요에서 맷돌은 남녀의 성기, 맷돌질은 성행위를 상
징하고 있다. 암수가 맞물려 돌아가는 그 광경을 상상하면
묘한 흥분을 느끼게 되는 것이 맷돌질이다.

방아를 찧는 것도 은유적인 성행위로 표현했다. 쿵더쿵쿵
더쿵 방아를 찧는 모습을 보노라면 영락없는 성행위가 연상
되는 것이다.

밀양 지방의 〈능실타령〉에는 본능의 표현이 자못 선정적
이다.

이산 저산 도라지꽃은 봄바람에 난출난출
이골 저골 흐르는 물은 밤소리가 처량해라
이러쿵저러쿵 좋을시구 이러쿵저러쿵 좋을시구
응허어 응허어 허허야 더허야 능실능실
저 도령의 물명주 수건 처녀 손에 놀아나고
문경갑사 붉은 댕기 총각 손에 때묻는다
이문산 절 저 중님아 새벽종은 치지 마라
내 품안에 노시던 임이 내 품안을 떠나신다
양촌 마실 수탉놈들아 축시될 줄 제 알면서
나의 심정 제 모르고서 사경되면 울음 운다
삼대째 큰 청삽살개야 도둑보고 짖지마는
어둔 밤에 날 찾아온 님 너만 알고 짖지 마라.

이 민요 속에는 여인의 본능이 능동적으로 표현되어
있다. 이성이 그립고, 그 이성과의 달콤한 밤이 새는 것이
아쉬운 것이다. 하동 지방에서 불려지던 〈사리랑타령〉은 본
능의 몸짓이 더욱 강렬하다.

인절미라 절편 끝에 장인 장모 팥밭 맨다
아리랑 사리랑 등당실 노더 사리랑
요번에 가거들랑 장인 장모 보고 오소

참절을 못한들사 반절은 하고 오소
후와든다 후와든다 반절이나 하고 오소
짜른 삼대 쓰러지고 굵은 삼대 쓰러진다
우리 둘이 요러다가 아기 배면 어찌할고
어떤 총각 겹자로세 내 구멍에 약 들었네
염려 말고 염려 말고 자근자근 눌러도라.

외설에 가까운 민요이다. 혼인을 하지 않은 남녀가 삼대 밭에서 남몰래 섹스를 하고 있다. 성행위에는 항상 수태(受胎)의 가능성이 함께하며, 부부간이 아닌 경우의 수태는 여간 골치 아픈 문제가 아니다.

민요 속의 남성은 수태를 두려워하고 있는데 반하여 여인은 남성의 분발을 촉구하고 있다. '내 구멍에 약 들었네'라는 말은 피임약을 뜻하리라.

그 당시에 피임약이 있었을 턱이 없다. 그런데도 여인은 남성을 안심시켜 본능적인 관능의 욕망을 충족시키고자 몸부림치고 있는 것이다.

판소리에서는 더욱 노골적인 표현을 서슴지 않고 있다. 신재효(申在孝)의 〈변강쇠타령〉이 그 대표적인 경우에 속한다. 여기에서는 남녀의 성기(性器) 묘사가 실로 리얼하다. 변강쇠가 옹녀의 샅(두 다리의 사이)을 내려다보고 다음과 같이 읊는다.

이상히도 생겼다. 맹랑히도 생겼다.
늙은 중의 입일는지 털은 돋고 이는 없다.
소나기를 맞았던지 언덕 깊게 파이었다.
콩밭 팥밭 지났던지 돔부꽃이 비치었다.
도끼날을 맞았던지 금 바르게 터져 있다.
생수처(生水處) 옥답인지 물이 항상 괴어 있다.
무슨 말을 하려관대 옴질옴질 하고 있노.
천리행룡(千里行龍) 내려오다 주먹바위 신통하다.
만경창파 조갤런지 혀를 삐쭘 빼었으며,
임실(任實) 곶감 먹었던지 곶감 씨가 장물이요,
만첩산중 으름인지 제라 절로 벌어졌다.
영계탕〔軟鷄湯〕을 먹었던지 닭의 벼슬 비치었다.
파명당(破明堂)을 하였던지 더운 김이 그저 난다.
제 무엇이 즐거워서 반쯤 웃어 두었구나.
곶감 있고, 으름 있고, 조개 있고, 영계 있어.
제사장은 걱정없다.

강쇠놈의 이 소리를 들은 옹녀도 맞장구를 친다. 강쇠놈
의 장대한 양물을 보고 흥겹게 읊조린다.

이상히도 생겼네. 맹랑히도 생겼네.

전배 사령(前陪使令) 서려는지 쌍걸낭을 느직하게 달고,

오군문(五軍門) 군뢰던가 복덕이를 붉게 쓰고,

냇물가의 물방안지 떨구덩떨구덩 끄덕인다.

송아지 말뚝인지 털고삐를 둘렀구나.

감기를 얻었던지 맑은 코는 무슨 일꼬.

성정도 혹독하다, 화 곧 나면 눈물 난다.

어린아이 병일는지 젖은 어찌 게웠으며,

제사에 쓴 숭어인지 꼬챙이 굵(구멍)이 그저 있다.

뒷 절 큰방 노승인지 민대가리 둥글린다.

소년 인사 다 배웠다, 꼬박꼬박 절을 하네.

고추 찧던 절굿댄지 검붉기는 무슨 일꼬.

칠팔월 알밤인지 두쪽 한데 붙어 있다.

물방아 절굿대며 쇠고삐 걸낭 등은 세간살이 걱정없네.

완숙한 남녀의 음부(陰部)를 더이상 세밀하고 리얼하게 관찰할 수는 없을 것이다.

이렇듯 성행위를 은유적으로 암시하거나 노골적으로 표현한 민요·판소리, 패관 문학 등이 민중 속에 살아서 맥맥이 전승된 이유는 무엇일까?

그것은 인간 본능의 대상 욕구 충족에서 비롯된 것이다.

본능보다는 윤리 도덕에 지배되어 사는 대부분의 사람들도 불쑥불쑥 떠오르는 본능을 어찌할 수는 없다.

그러나 그 욕구를 실행으로 옮길 수는 없다. 대부분은 상상적 욕구로 끝내는데, 이때 기분상 쾌감을 맛볼 수 있는 대상이 에로틱한 영상이나 문학 등이다. 마치 스포츠의 골인 장면이나 홈런을 보고 관중이 후련함을 느끼는 것처럼, 작품 속의 인물이 질탕하게 놀아나는 것에서 카타르시스를 느끼게 되는 것이다.

여기에 그동안 내가 재미있게 듣고 읽고 경험했던 성(性)과 관련된 이야기들을 시대에 맞도록 재구성했다. 혼자만 알고 묵히기에는 웬지 아깝다는 생각이 들어서이다.

해학과 풍자 속에 적나라한 인간의 진면목이 드러나고, 거기에서 놀라운 인생의 진리를 깨우칠 수 있다.

나는 연꽃을 좋아한다. 썩은 연못 속에서도 영롱히 피어내는 그 꽃의 의미를 사랑한다.

잡놈 잡년들이 우글거리는 이 세상에서 이 책은 오히려 신선한 느낌을 전하리라. 마치 썩은 물에서 피어나는 연꽃처럼 ㅎㅎㅎ 웃음 웃게 만들리라. 해학과 풍자 속에 우리들의 모습을 발견할 수 있으므로.

나는 이 책에서 독자들의 웃음에 대한 영역을 침범하지 않으려는 뜻에서 'ㅎㅎㅎ'를 사용했다.

웃음은 분위기와 감정에 따라서 각각 그 뜻과 뉘앙스가
다르다. 하하하, 호호호, 히히히, 흐흐흐, 후후후…….
이 책이 독자들의 웃음보를 맘껏 건드릴 수만 있다면 더
할 나위가 없겠다.

이정빈

1
그 섬에서 생긴 일

■ 저자의 변명·3

2
여자는 훨훨 날아가는 새인가

3
호색은 인간의 상정

4
용 꿈

5
세상은 요지경

1

그 섬에서 생긴 일

흔들리는 남자

웃으면 이 세상도 함께 웃고,
울면 너 혼자 울게 된다.
— 윌콕스 —

나는 8번 말이 첫 경주에서 우승할 것이라고 확신했다.
'천하 무적'이라는 이름도 마음에 들었고, 기수의 화려한
전적도 믿음직스러웠다.

'누가 뭐라해도 우승은 8번 천하 무적이다!'

나는 이렇게 확신하고 마권을 사려고 줄을 섰다. 그런데
내 바로 앞에 서 있는 젊고도 아름다운 여자가 3번 말의 마
권을 사길래 나도 덩달아 3번을 샀다. 결과는 8번 말이 우승
했다.

"아니 어떻게 된거야? 자넨 8번 말이 우승할 것이라고 하
지 않았나?"

내 친구가 물었다.

"앞에 서 있는 여자가 3번 말에 거는 것을 보고……."

나는 여자를 따라서 마권을 샀기 때문에 적잖은 상금을 날린 것이 무척이나 아까웠다.

두번째 경주에서는 2번 말이 우승할 것이라고 생각했는데, 7번 말에 거는 사람을 보고 나도 7번 말에 걸었다.

결과는 역시 2번 말의 우승이었다.

"자네 대체 왜 이러나!"

친구가 어처구니가 없다는 표정을 지으면서 호되게 나를 질책했다.

"앞의 사람이 그러길래…….."

나는 약간 창피하기도 하고 날아가 버린 상금이 아깝기도 했다.

"다음 경주는 5번 말이다. 틀림없어!"

나는 자신있게 말하고 나서 의기 양양하게 마권을 사러 갔다. 그런데 앞에 서 있는 사람이 1번 말에 거는 것을 보고 덩달아 1번을 샀다. 우승은 역시 5번 말이었다.

나는 일곱 번의 경마에서 그런 식으로 계속 앞 사람을 따라 돈을 걸다가 한 번도 성공하지 못했다.

"예상은 백발백중이었는데, 결과가 그게 뭐야? 소신껏 했어야지.

친구가 줏대없다고 나를 나무랐다.

"제기랄, 돈도 잃고 배도 고픈데 햄버거나 사와야 겠어. 먹으면서 다음 경주부터는 신중한 투자를 하겠어."

나는 햄버거를 사려고 갔다가 핫도그 두 개를 사왔다. 그것을 보고 친구가 물었다.

"아니, 왜 햄버거가 아닌 핫도그를 들고 오나?"

나는 겸연쩍었기 때문에 어색하게 말했다.

"응, 어떤 여자가 핫도그를 사는 걸 보고……."

"맙소사!"

친구는 질렸다는 표정을 지으며 고개를 흔들어댔다.

경마에서 주머니를 털털 털렸기 때문에 나는 기분이 몹시 우울했다. 집에 가서 잠이나 자려고 택시를 잡으려고 했다.

"미아리!"

앞에 서 있던 젊은 여자가 택시를 잡았다.

"미아리!"

나도 미아리라고 소리쳤다. 그리하여 그 여자와 합승을 했다. 미아리를 향하여 질주하는 택시 속에서 나는 문득 정신이 들었다.

'아차! 우리 집은 마포가 아닌가!'

뜨거운 여인의 흔적

만일 모든 여성이
같은 얼굴, 같은 성질, 같은 마음을 갖고 있다면
남성은 절대 부정한 행동을 안할뿐더러 연애도 안할 것이다.
본능적으로 한 여성과 죽을 때까지
운명을 함께 할 것이다.
— 카사노바 —

　소슬바람에 우수수 낙엽이 지는 토요일 오후였다. 직원들이 모두 퇴근한 텅빈 사무실에 나만 홀로 외롭게 자리를 지키고 앉아 있었다.

　"선생님, 다음주 월요일까지는 꼭 원고를 넘겨주셔야 합니다. 꼭요, 약속을 지켜주셔야 해요."

　오전에 사무실을 방문했던 박기자의 간절한 목소리와 눈빛이 줄곧 나의 심리를 압박하고 있었다. 서른세 살의 노처녀인 박기자는, 다소 신경질적이고 가련한 외모에도 불구하고 '불독'이란 별명을 가지고 있다. 너무도 집요하기 때문에 붙여진 별명이다. 그녀는 데드라인이 가까워지면 단 하루도 그 기일을 넘기지 못하도록 해당 작가들을 달달 볶는다. 시집도 못 가고 직장에 매달려 있는데 모가지가 달아

나면 책임을 질 거냐고 엄포를 놓고, 공갈을 치기가 일쑤다.

"ㅎㅎㅎ……, 책임 질게. 암, 책임을 지고말고. 때마침 마누라를 바꿀 때가 되었거든."

내가 이렇게 농치면 박기자는 눈을 흘기며 반격을 한다.

"전요, 미안하지만 중고는 사절이에요."

"뭐, 중고? 지금 중고라고 했어?"

"왜요? 제 말이 틀렸나요?"

"하긴 뭐, 중고는 중고지만 아직은 쓸 만해. 못 믿겠으면 한번 확인해 봐도 좋아."

"뭘 확인해요?"

"ㅎㅎㅎ……, 몰라서 물어? 어쨌든 이번 원고가 끝나면 우리 술 한잔 하지 그래?"

"좋아요, 대신 꼭 마감 시간을 맞춰 주셔야 해요?"

"O.K."

나는 자신있는 목소리로 박기자를 안심시켰다. 주간 잡지의 원고 청탁은 늘 시간에 쫓기게 마련인데, 열흘 남짓한 시간을 내일내일 미루다가 또 발등에 불이 떨어진 것이다.

데드라인을 코앞에 두고 청탁 원고를 써야 한다. 그것도 장장 50매를, 그런데 두 시간이 지나도록 원고지는 남자를 모르는 처녀처럼 깨끗하다. 안타깝게도 생각이 꽉 막혀 단 한 장의 원고지도 메우지 못하고 있는 것이다.

답답했다. 마음은 한없이 조급하고 초조했다. 누에고치가 똥꼬에서 명주실을 뽑듯 술술 문장을 뽑아내질 못하는 나의 둔한 머리가, 무딘 필력이 원망스럽기만 했다.

"또 어떤 거짓말을 해야 하나!"

나는 회전의자를 빙그르르 돌려 창밖을 내려다보았다. 길 건너 편에 동묘공원이 보였다. 공원에는 황혼기의 노인들이 양지 쪽의 벤치에 삼삼 오오 떼를 지어 앉아 해바라기를 하고 있었다. 그 한쪽 벤치에서 오동통한 몸집의 아가씨가 모이를 주며 비둘기를 부르고 있었다. 모이를 던질 때마다 수십 마리의 비둘기들이 푸드득 날개짓을 하며 뛰쳐올랐다가 다시 그 아가씨 주위를 둘러싸고 먹이를 쪼기에 여념이 없었다.

'비둘기를 부르는 여인?'

나는 문득 그 여인을 소재로 글을 스면 어떨까 하고 생각했다. 잡지사의 청탁 원고는 '잊을 수 없는 여인'이란 테마의 피카레스크식 단편을 써달라는 것이었다.

피카레스크식 단편을 흥미거리 주간지다운 발상이었다. 피카레스크(picaresque)는 스페인어의 '악한'이라는 피카로(picaro)에서 온 말이데, 주로 '악한(惡漢)'을 주인공으로 쓴 이야기를 일컫는다.

내가 직접 만났떤 여자 중에는 아무리 생각해도 악녀(惡女)라고 부를 만한 여자는 별로 없다. 그런데 그런 여자를 실감있게 그려야 하는 것이다.

나는 담배를 한 대 붙여 물고 공원으로 나갔다. 내 글 속의 주인공이 될 오동통이 아가씨를 직접 확인해 보고 싶은 충동이 일었기 때문이다.

그런데 그녀의 얼굴을 보는 순간 실망이 밀물처럼 밀려들었다. 오동통은 보기 드문 추녀였다. 예쁜 구석이라곤 눈을 씻고 찾아도 찾아볼 수가 없었다. 유난히 작은 눈에 코는 기형적으로 컸다. 마치 커다란 주먹덩이를 하나 툭 갖다 붙여 놓은 것만 같았다. 게다가 입술은 짐승의 부리처럼 뾰족하게 튀어 나왔다.

그런데도 묘한 매력을 발산하고 있었다. 오동포동한 몸짓과 젖빛처럼 하얀 피부가 풋풋한 젊음을 느끼게 했다.

오동통이는 베이지색 코트 속에 하얀 블라우스와 검은 치마를 입고 있었다. 여기에 단풍처럼 알록달록한 스카프가 조화를 이뤄 가을 분위기를 물씬 풍기고 있었다. 신축력이 있어 보이는 짧은 치마 밑으로 뻗은 다리는 뭉툭하여 군용 수통처럼 보이기도 했고, 또 조선무를 연상시키기도 했다. 역시 늦가을의 김장철을 생각하게 만드는 다리였다.

나는 허옇게 드러난 오동통이의 허벅지에 잠시 눈을 팔다가, 틀림없이 그녀는 외로운 여자일 것이라고 생각했다. 왜냐하면 주말 오후에 노인들이나 애용하는 공원 벤치에 홀로 외롭게 앉아 하릴없이 비둘기를 부르고 있기 때문이었다.

"비둘기를 부르는 모습이 참 보기 좋습니다."

내가 적선하는 마음(?)으로 이렇게 말을 건네자 오동통이는 고개를 치켜들고 살포시 수줍은 미소를 지었다.

"홀로 오셨나 보지요? 아까부터 줄곧 아가씨를 지켜보고 있었습니다."

이 말에 오동통이는 다소 놀란 표정으로 내 얼굴과 모습을 훑었다.

"흐흐흐……. 나쁜 사람은 아닌까 너무 놀라지는 마십시오. 저기 3층이 내 사무실인데, 의자만 반 바퀴 돌리면 이곳이 훤히 내려다보입니다. 뭔가 생각할 일이 있어 이곳을 보다가 아가씨를 보았던 것입니다."

오동통이는 내가 손짓하는 건물을 바라보며 말없이 고개를 끄덕였다.

말이 없는 여자였다. 라면을 잘게 부수어 비둘기에게 조금씩 던지면서 숫제 나하고는 눈을 맞추려들지 않았다.

"그럼, 쉬었다가 가십시오. 전 할 일이 있어서 그만……."

말대꾸가 없자 민망해진 나는 사무실로 돌아왔다. 그런 후 머리를 쥐어짜 '비둘기를 부르는 여인'을 쓰기 시작했다.

작품 속의 여인은 미모의 창녀(娼女)였다. 신분을 모르고 우연히 공원에서 그녀를 만나 사랑에 빠진 나는, 교활한 창녀에게 철저히 농락당하고 고통 속에서 헤매인다는 줄거리였다. 창녀는 모이를 던져 쉽게 비둘기를 부르듯 문학 청년인 나를 은밀히 유혹한다. 바보처럼 순박한 영혼을 가진 작품 속의 나는 창녀를 사랑한 죄로 몸과 영혼에 큰 상처를 받고 방황하는 부분을 실로 처절하게 그리려고 노력했다.

순박한 영혼과 교활한 영혼을 대비시킨 것은 독자에게 동정과 분노를 한꺼번에 얻어내겠다는 계산에서였다.

한 시간쯤 원고에 몰두해 있던 나는 담배에 불을 붙이고 머리를 식힐 겸 빙그르 의자를 돌렸다. 그런데 오동통이는 여전히 그 벤치에 앉아 있는 것이었다. 오랜 시간 홀로 공원에 앉아 있는 여자는 뭣하는 여자일까? 당연히 이런 의문이 생기지 않을 수 없었다. 특히 내 작품의 소재가 되어 주었기에 그녀에 대한 나의 관심은 각별했다.

애인이 없어 적적한 걸까? 아마 그 얼굴에 그 몸매라면 그럴는지도 모른다. 내가 이렇게 자문 자답하고 있을 때 오동통이는 고개를 돌려 내 사무실을 보았다. 눈길이 마주치는 순간 나도 모르게 손을 흔들었는데, 그녀도 손을 흔들어 보이는 것이었다.

바로 그때 전화벨이 울렸다. 수화기를 들어보니 모르는 여자의 목소리였다.

"여보세요, 이정빈 선생님 좀 부탁드립니다."

이정빈은 나의 필명(筆名)이다. 나를 아는 사람들은 본명을 부르기 때문에 독자 중의 한 사람이 분명했다. 나는 급한 원고를 써야 함으로 벌써 퇴근했다고 할까 하다가 내가 당사자임을 밝혔다.

"제가 이정빈입니다만, 누구시죠?"

"어머, 선생님! 정말 반갑습니다. 저는 선생님이 쓰신 책을 감명 깊게 읽었던 독자입니다."

"아, 그러세요."

나는 내 책을 감명 깊게 읽었다는 말을 듣고 기분이 좋았다.

"선생님, 어쩌면 그렇게도 재미있게 글을 쓰세요? 그런 글을 쓰려면 경험이 많아야 하겠지요?"

"그, 그렇지요. 아무래도 경험과 느낌이 바탕이 되어야 글을 쓸 수 있지요."

나는 조금 어눌한 목소리로 대답했다. 내가 쓴 10여 권의 책 중에서 어느 책을 읽었는지 모르기 때문이었다.

"선생님, 저는 몇 번이나 선생님과 통화를 하고 싶어서 전화를 걸었었어요. 그런데 이제서야 통화가 되었군요."

"아, 그렇습니까? 이거 죄송합니다. 제가 늘 바빠서요."

"저, 선생님……!"

전화 속의 여자는 좀 하기 힘든 말을 하려는 듯 말꼬리를 흐렸다.

"말씀하세요."

한껏 부드러운 목소리로 말하면서 몸을 돌려 다시 공원을 내려다보았다. 또다시 오동통이와 눈길이 마주쳤다. 나는 함박꽃처럼 활짝 웃으며 다소 과장된 몸짓으로 손을 흔들어 주었다. 오동통이는 나의 태도가 재미있는지 웃음을 보냈다.

"선생님을 꼭 한 번 뵙고 싶어요, 오늘 시간이 어떠신지……."

밤을 새워 원고를 써야 할 판이었다. 그래서 막 거절을 하려고 하는데 전화 속의 여인이 먼저 입을 열었다.

"전……, 선생님을 뵙기 위해 부산에서 올라왔어요."

"부산에서 올라오셨다구요?"

"그래요."

나는 적이 당황했다. 나를 만나기 위하여 먼길을 찾아온 독자를 매정하게 뿌리친다는 것이 힘들었다. 또한 고운 여자의 목소리에서 분홍빛 선입견이 느껴져 마음이 흔들렸다. 대체 어떻게 생긴 여자인가 만나 보고 싶었다.

"지금 어디에 계십니까?"

나는 원고 때문에 걱정을 하면서도 전화 속의 여자에게 끌려들고 있었다.

여자는 공항에서 전화를 한다고 했다. 서울에 아는 장소가 있으면 말하라고 했더니 강남의 모 음식점을 가리켰다.

7시에 만나기로 약속을 정하고 시간을 보니 4시를 조금 넘어서고 있었다.

"선생님, 약속해 주셔서 정말 고맙습니다. 제가 멋진 저녁을 대접하겠습니다."

여인의 마지막 말이 귓속에서 웅웅거렸다. 목소리만 듣고 여인의 나이를 짐작하기는 어려웠다. 애교가 느껴지는 미성(美聲)이면서도 차분한 것으로 보아서는 30대 전후의 부인처럼 느껴지기도 했다. 또한 먼길을 마다않고 무모하게 상경한 점을 비추어 보면 20대 전후, 묘령의 아가씨처럼 생각되기도 했다.

"만나 보면 알겠지!"

나는 얼굴을 모르는 여인에 대한 호기심을 일단 접어놓고 원고에 열중하려고 필을 들었다. 그러다가 문득 오동통이 생각 나서 의자를 돌렸다.

오동통이는 나와 시선이 부딪는 순간 벤치에서 일어서며 먼저 손을 흔들었다. 그런 다음 천천히 걸음을 옮겨 공원 밖으로 나왔다.

오동통이는 공원 밖 주차장에서 하얀 프린스를 몰고 골목을 빠져나가다가 다시 한 번 손을 흔들었다.

묘한 기분이었다. 처음 본 아가씨가 무척 친밀하게 느껴졌고, 또 만날 수 있으리라는 예감이 드는 것은 참으로 이상한 일이었다.

6시가 조금 지나서 사무실을 나왔다. 땅거미가 깔린 도시는 현란한 네온으로 새로운 눈을 뜨고 있었다. 나는 미지의 여인을 만나러 가면서도 다 쓰지 못한 원고 때문에 마음이 가볍지 못했다.

"에라, 모르겠다. 어떻게 되겠지."

신사역에서 지하철을 내렸다. 5분쯤 천천히 걷다보니 약속 장소가 보였다. '패러다이스'라는 옥호의 일식집이었다.

나는 분홍빛 네온 간판을 물끄러미 쳐다보았다. 'paradise'라는 옥호를 둘러싼 파랗고 노란, 그리고 빨간 네온의 화살이 좌우 양쪽으로 마구 회전하며 두 눈을 어지럽게 만들었다.

나는 약속 시간에 딱 맞추어서 일식집 문을 열고 안으로 들어갔다. 온통 일본풍의 실내장식이 묘한 이질감을 전해 주었다. 이윽고 짧은 미니스커트를 입은 귀여운 아가씨가 잽싸게 다가와 공손이 인사를 했다.

"어서 오십시오. 한 분이십니까?"

나는 실내를 눈으로 둘러봤다. 빈자리가 없을 정도로 꽉 찬 좌석에는 내가 만나야할 여인은 없는 것 같았다.

"약속이 있어서 왔는데……."

나의 말에 귀여운 아가씨는 눈빛을 빛냈다.

"혹시, 이정빈 선생님이 아니십니까?"

내가 고개를 끄덕이자 그녀는 홀 한편에 마련된 방으로 안내를 했다.

방문 앞에는 은은한 빛을 내뿜고 있는 빨강 하이힐이 한 켤레 가지런히 놓여 있었다. 나는 그 신발을 보고 문득 여인의 나이가 마흔 안팎이며, 무척 멋쟁이일 것이라고 생각했다.

"손님이 오셨습니다."

안내 아가씨가 노크를 하자 방안의 여인이 자리에서 일어섰다. 잠시 옷맵시를 고치고 있는 실루엣이 격자문 창호지를 통하여 비쳤다. 호리호리한 몸매였다. 그 실루엣을 보는 순간 나는 가슴이 두근거리기 시작했다. 마치 맞선을 보기 직전의 총각 마음처럼 설레이고 있었다.

미닫이문이 사르르 열리면서 마침내 여인의 모습이 드러났다. 눈빛이 유난히도 강렬한 빨강, 빨강 여인이었다. 여인은 온통 붉었다. 새빨간 립스틱을 짙게 바르고 있었고, 무척 고급스러워 보이는 빨간 투피스를 입고 있었다.

요염했다. 눈을 현혹시킬 정도로 농염한 여인의 자태를 유감없이 내뿜고 있었다.

"시간을 꼭 맞추어 오셨군요. 제가 괜히 바쁜 시간을 빼앗았는지 모르겠군요."

여인은 다다미방의 아랫목 자리를 내게 권하며 자신은 맞은편에 앉았다.

"이렇게 만나게 되어 반갑습니다."

나는 인사말을 건네며 여인의 나이를 맘속으로 헤아렸다. 눈가에 잔주름이 잡히기 시작한 것으로 보아서는 마흔 안팎으로 보이는데, 탄탄한 몸매와 차림새로 보아서는 훨씬 젊게 보이기도 했다.

"흐흐흐……."

여인은 깊고도 강렬한 시선으로 나를 한참 훑어보다가 고개를 살짝 돌리며 묘한 웃음소리를 냈다. 길고 허연 목덜미에서 푸르스름한 힘줄이 불거졌다. 올린머리를 한 탓에 훤히 드러난 작은 귀에서 진짜 보석이 분명한 이어링이 반짝거리고 있었다.

"왜 웃으시는 겁니까?"

내가 묻자 여인은 고개를 저으면서 말했다.

"선생님은 제가 생각했던 것보다 훨씬 젊으세요. 전 나이가 지긋한 분이라고 상상했거든요."

"아, 그렇습니까."

"네, 그런데 젊으신 분이 어떻게 그런 글을……."

여인은 말끝을 흐리며 벽에 붙은 스위치를 눌렀다. 그러자 음악이 흘러나오더니 곧 와이셔츠 바람에 검은 조타이를 맨 중년 남자가 방으로 들어왔다. 그는 서툰 우리 말로 패래다이스의 지배인이라고 자기 소개를 하고 허리를 깊숙이 숙였다.

"뭘 드시겠어요?"

여인이 좍 펴서 내미는 메뉴판을 본 순간 나는 솔직히 질려 버렸다. 내 주머니 사정으로는 감히 주문할 엄두도 낼 수 없는 값비싼 것들뿐이었다.

"먼저 회에다 술을 한잔 드시죠? 괜찮겠죠?"

여인은 이렇게 말한 후 손가락으로 메뉴판을 여기 저기 짚었다. 손가락에 큼직한 다이아몬드 반지가 불빛을 받아 번쩍거렸다. 새빨간 매니큐어를 칠한 손톱도 반질반질했다.

나는 좋은 안주에 술을 마시면서도 마음이 편치 않았다. 청탁 원고를 써야 한다는 강박 관념이 줄곧 나를 사로잡고 있었지만, 그보다도 거액의 음식값이 더욱 마음을 졸이게 했다. 물론 여인이 대접을 하겠다고 했으니까 책임을 지겠지만, 만에 하나 내가 지불해야 한다면 실로 난감한 일이 아닐 수 없었다.

몇 잔인가 술을 마신 후에 나는 슬그머니 화장실로 가서 주머니를 뒤져 보았다. 토큰 몇 개와 천 원권 지폐 다섯 장, 그리고 동전이 몇 닢 있을 뿐이었다. 양복 주머니에 꼭꼭 숨겨 둔 비상금 3만 원을 합한다 하더라도 음식값에는 턱없이 부족했다. 제기랄, 원고나 쓸 것을 왜 나왔던가, 하는 후회가 밀려들었다.

시간이 많이 흘렀다. 여인은 시종 일관 나와 대작(對酌)했다. 권커니 작커니 하다 보니 어찔어찔한 취기가 느껴지며 간간이 나도 모르게 혀꼬부랑이 소리가 나왔다.

"선생님……!"

여인이 술잔을 건네며 취한 목소리로 나를 불렀다. 발갛게 상기된 얼굴에서 여인의 깊은 눈은 더욱 깊어진 것 같고,

눈빛은 더욱 반짝이는 것 같았다.

"지금도 콘돔을 가지고 다니세요?"

"예?"

여인의 엉뚱한 질문에 나는 작은 눈을 크게 뜨고 여인을 보았다.

"지금도 콘돔을 가지고 다니시냐구요."

무슨 뚱딴지 같은 말인가. 나는 영문을 몰라 눈만 끔뻑거렸다.

"선생님의 글 중에서 그 이야기가 나오잖아요. 설희라는 무용과 학생과……."

아뿔사, 그제서야 나는 머리에 퍼뜩 떠오른 생각이 있었다. 그 생각과 동시에 얼굴이 화끈화끈 달아올랐다.

"그, 그렇다면 부인께서 보신 책은……?"

내가 말끝을 흐리자 여인이 대답했다.

"네, 《신사는 X담을 좋아하고 숙녀는 Y담을 사랑한다》라는 책이었어요. 참 감명 깊게 읽었어요."

윽, 감명이 깊다니! 어디 그 책이 감명 깊게 읽을 책인가. 나는 좀 야한 내용의 유머집을 감명 깊게 읽었다는 여인의 정신 상태가 의심스러웠다.

"전요, 지금까지 단 한 번도 오름가슴을 느껴보지 못했어요, 선생님."

여인은 은근한 목소리로 말했다. 나는 정말 난처했다.

'저 여자는 대체 무슨 뜻으로 이런 말을 하는가!'

나를 쏘아보는 여인의 강렬한 시선을 피하면서 연거푸 몇 잔의 술을 마셨다.

"저도 느껴 보고 싶어요!"

어느틈에 내 옆으로 자리를 옮긴 여인은 내 귓전에 입술을 대고 속삭였다.

"뭘요?"

나는 얼굴이 뜨거워 화들짝 놀라며 여인의 입술에서 고개를 떼었다. 그러나 여인은 잽싼 동작으로 나를 포옹하며 키스 세례를 퍼붓기 시작했다.

나는 경황이 없었다. 발갛게 단 불인두와 같은 여인의 입술이 얼굴과 목덜미를 사정없이 지져댈 때마다 정신이 아찔아찔하여 어떻게 처신을 해야할지를 몰랐다.

"부, 부인! 제발 진, 진정하……."

나는 항거하며 여인을 진정시키려고 했다. 크게 소리치고 싶었지만 누군가 밖에서 들을 것만 같아서 아주 작은 소리로 여인을 설득하려고 했다. 그러나 여인은 막무가내였다. 내 목덜미를 으스러지도록 껴안고 무차별 공격을 했다.

"으헉!"

내 입에서 기묘한 신음이 터졌다. 그때를 틈타 무슨 고깃덩어리 같은 것이 내 입속으로 불쑥 들어와서는 격렬하게 움직였다.

"아아, 맙소사! 제발 이젠 그만!"

나는 내 입속에서 발광하는 고깃덩어리를 한사코 뱉아내고 힘껏 여인의 몸을 밀어버렸다. 여인은 엉덩방아를 찧으며 저만치에 나가떨어졌다. 새빨간 치마가 허리께까지 걷어

올려져서 손바닥보다 더 작고, 앙증맞는 팬티가 훤히 들여다 보였다. 팬티도 옷과 입술처럼 새빨간 색이었다.

나는 양복 상의를 손에 들고 정신없이 그 장소를 빠져나왔다. 써늘한 밤바람이 얼굴을 때리고 지나갔다.

이리 뛰고 저리 뛰어 힘겹게 택시를 잡아타고 시간을 보니 11시가 조금 넘어서고 있었다.

"손님 좋은 곳에서 즐기셨나 봅니다그려!"

늙수그레한 택시 운전사가 이렇게 말하며 의미 심장한 눈초리로 나를 훑어보았다. 내가 그 말의 깊은 뜻을 알아차리지 못한 것은 불행이었다.

"에라, 이 바보 같은 놈! 굴러온 복을 차 버리다니……."

나는 집을 향하여 골목길을 걸으면서 수없이 내 자신을 질책했다. 여인의 농염한 자태와 뜨거운 공세가 영상처럼 떠올라 후회하는 마음을 더욱 가중시켰다.

'나는 미녀의 유혹을 이겨냈다. 실로 자랑스럽지 않는가! 그 아찔한 미녀의 유혹을 과감히 뿌리치고 내 가정으로 이렇게 무사히 돌아온 것은 백번 잘한 일이다.'

나는 자꾸만 후회하고 있는 마음을 이런 생각으로 위로하며 초인종을 눌렀다. 가끔 장난을 치고 귀가하는 날은 죄책감에 아내의 얼굴을 대하기가 미안했지만, 오늘을 흡사 개선 장군처럼, 의기 양양한 마음을 가질 수 있었다. 왜? 미녀의 유혹을 당당히 이겨냈으니까.

그러나 나의 떳떳한 마음을 아내는 이해하지 못했다. 불빛 아래서 내 얼굴을 본 아내의 표정은 무섭게 일그러졌다.

눈에서 불똥이 툭툭 튀며 파스름한 불길이 타오르고 있
었다.

"왜, 왜 그런 눈으로 보는 게요?"

나는 서슬이 퍼런 아내의 얼굴에 절로 마음이 졸아드는
것 같았다.

"보기 좋습니다! 아주 보기가 좋아요!"

아내의 말투는 서릿발이 서 있었다. 게다가 이빨을 빠드
득 가는 것이 아닌가.

"대체 왜 그러는 것이오?"

"왜 그러느냐구요?"

"그렇소!"

"ㅎㅎ, 당신이 지금 어떤 꼴인지 모르고 있어요?"

"내 꼴? 내 꼴이 어떻다구……."

나는 급히 나의 옷맵시를 살폈다. 오오, 하느님 맙소사!
나의 흰 와이셔츠는 마치 수놓은 것처럼 꽃무늬가 여기 저
기에 찍혀 있었다. 여인이 격력하게 공격했던 흔적이었다.

그 뿐이 아니었다. 거울을 보니까 얼굴과 목덜미 곳곳에
도 여인의 흔적이 선명하게 찍혀 있었다.

그것을 확인한 순간 눈앞이 캄캄해 졌다.

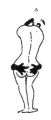

아으……!

남자는 그 여자를
제 것으로 만들 수 없는 기간 동안만
여자에게 열광한다.
— 키에르케고르 —

남자 : 우리 이젠 헤어져야 해.

여자 : 뭔 얘기예요?

남자 : 마누라가 다시는 너를 만나지 말래…….

여자 : 뭐라구요?

남자 : 다시 만나면 가만두지 않겠대.

여자 : 그건 말도 안돼! 그럼 맨처음 내게 물총 쏜 것도
　　　싸모님의 지시였단 말예요?

남자 : 아으……!

아빠는 딱 세 번 했지

틀린 방법이 항상 더 타당해 보인다.
— 무어 —

불알 친구들과 만나 술을 마실 때였다. 모처럼만에 만나 권커니 작커니 술잔을 돌리다보니 걸쭉한 이야기도 거침없이 쏟아졌다.

식당을 하는 친구가 먼저 부부 생활 중에 있었던 에피소드를 꺼낸 것이 시발이었다.

그 친구의 국민학교 1학년짜리 아들이 밤에 잠을 자지 않기 때문에 부부 생활이 여간 조심스럽지 않다는 것이었다.

"그놈이 우리를 감시하느라고 잠을 못 자는 게야. 약간만 부스럭거려도 벌떡 자리에서 일어나서 두리번거리는데, 정말 미치고 환장하겠어!"

식당하는 친구의 이 말에 다른 친구들이 낄낄거렸다.

"고놈, 참 효자로다! 에미 애비가 뭣하는가 보려고 졸린

데도 잠을 안 자는 그 효성, 참으로 눈물겹다."

"ㅎㅎㅎ……, 앞으로 크게 될 놈이야. 벌써부터 그렇게 밝히는 것을 보니 말일세."

어떤 친구는 행위 도중 어린 딸에게 들킨 적이 있다고 고백했고, 또 다른 친구는 아이가 꼭 부부의 사이에 끼여서 자기 때문에 쉽게 아내에게 접근하기가 힘들다고 했다.

"모두들 그런 애로 사항이 있었군그래? 그 무렵의 아이들은 부모와 떨어져서 자려고 하지 않기 때문에 부부 생활이 조심스럽게 마련이야."

내가 말하자 친구들은 모두 고개를 끄덕였다. 나도 어린 자녀가 있기 때문에 친구들의 이야기를 공감할 수 있었다. 그리고 난처한 경우에 처한 경험이 적지 않다. 아내를 안아 주려고 큰마음 먹고 아이가 잘 때를 기다리다가 지쳐서 내가 먼저 잠든 경우가 많았던 것이다. 또한 한창 그 행위의 절정에 치닫고 있을 때 아이가 깨어난 적도 있었다

"그런 경우 난처하기도 하고 안타깝기도 하고, 또 아이가 얄밉기도 하더군."

나의 말에 친구들은 히죽거리며 한마디씩 했다. 눈 딱 감고 클라이맥스에 도달해야 한다는 친구가 있었고, 자녀의 교육상 욕망을 참아야 한다는 측도 있었다.

마지막으로 클라이맥스파의 한 친구가 자기의 경험담을 이야기했다. 그는 이십대 초반에 결혼한 탓에 중학교에 다니는 큰애를 두고 있는 친구였다.

"하루는 큰애의 담임이 나를 좀 만나고 싶다고 전화를 했

어. 무슨 일인가 하여 급히 학교에 갔더니 우리 집 녀석이 교무실 복도에서 꿇어앉아 벌을 서고 있더군. 나는 우리 애가 나쁜 일을 했구나 생각하고 담임을 만났네. 그랬더니 담임이 이런 말을 하지 않는가. '실은 오늘 점심 시간에 학급에서 아이들이 웅성거리고 있었습니다. 저는 무슨 일인가 하여 알아 봤더니, 글쎄 아이들이 저질 포르노 잡지를 보면서 낄낄대고 있는 것이 아니겠습니까. 그래서 저는 그 책을 뺏고 누구 것이냐고 물었더니 바로 현수에게 이 천원에 샀다고 하지 않습니까.' 담임의 이 말에 나는 깜짝 놀랐지. 그놈은 정말…….″

'그놈은 정말 하는 말에 좌중은 모두 웃음을 터뜨렸다. 그 친구가 바로 여자라면 사죽을 못 쓰는 친구였기 때문이었다.

″부전자전, 그 애비에 그 자식이로군!″

누구가가 이렇게 농하자 그 친구는 머리를 긁적이면서 말을 이었다.

″그렇지만 집에는 그런 책이 없었어. 대체 어디서 그런 책을 구했는지 모르겠어. 어쨌든 이천 원에 그런 저질 책을 친구에게 판대서야 말이 안되지. 난 담임에게 백배 사과를 하고…….″

″앞으로 주의하겠어요, 했겠지.″

식당 친구가 베이스를 넣자 그는 헤벌쭉 웃으며 고개를 끄덕였다.

″그렇지, 앞으로는 그런 일이 없도록 단단히 주의를 시키

겠다고 했지. 그리고 교무실을 나왔는데 누군가 나를 따르
고 있는 예감이 들었어. 고개를 돌려보니 우리 집 애였어.
나는 '너 이놈! 나쁜 놈 아냐? 왜 그런 짓을 했어?' 하고
꾸짖었는데, 아들놈은 '아버지 전 아무개로부터 천 원에 샀
어요. 그래도 의리를 지키려고 그 친구의 이름은 발설하지
않았어요. 그리고 천 원에 사서 이천 원에 팔았으니 남는 장
사를 한 것이구요.' 하지 않겠어."

그는 여기까지 말한 다음 그 광경을 회상하는지 담배에
불을 붙이고 허공에 길게 연기를 뿜었다.

"근데 그녀석이 이렇게 부탁하는 거야. 제 엄마한테는 비
밀을 지켜달라고 말이야. 그래서 나는 두번 다시 그런 짓을
하지 않겠다는 약속을 받고 비밀을 지켜 주겠다고 했지."

"옳아, 사나이끼리의 굳은 약속이 성립된 것이로군그
래?"

내가 말참견을 하자 그는 고개를 끄덕였다.

"그래, 사나이끼리의 약속이었어. 나는 그 기회에 성교육
을 좀 시켜야겠다고 생각했지. 그래서 그날 밤 아들놈과 단
둘이 공원을 산책했어."

친구는 무엇이 그리 우스운지 혼자 ㅎㅎ 웃다가 모노드라
마의 형식을 취하여 그 대화 내용을 말했다.

"아빠, 약속대로 엄마한테는 말하지 않았겠죠, 네?"

"음, 아빠는 약속을 황금처럼 여기는 사람이다. 무덤에
들어갈 때까지 비밀을 지킬테니 염려 말아라."

"아빠, 최고예요!"

"그런데 애, 현수야! 아이가 어떻게 해서 생겨 나는지를 너는 알고 있니?"

"아이요? 네, 알아요."

"정말?"

"그럼요, 그런 것은 우리 모두가 알고 있어요."

"그래? 정말로 알고 있어?"

"네, 남자와 여자가 그것을 하기 때문이죠."

아이의 이 대답에 친구는 좀 놀랍기도 하고 당황스럽기도 했다고 했다.

"음, 그런 것쯤은 알아둘 필요가 있어. 그러나 그것에는 여러 가지 나쁜 병이 뒤따르기 때문에 순결이 중요한 것이야!"

"아빠, 그런 것쯤은 우리도 잘 알고 있어요. 에이즈같은 무서운 병에 걸릴 수도 있고 사생아가 태어날 수도 있다는 이야기를 하시려는 것이지요."

"음, 그것을 알고 있으니 아빠가 더 이상의 말은 하지 않겠다."

친구는 아들의 조숙함을 보고서 새삼 세월의 빠름을 느끼며 그 녀석이 태어나던 때를 추억했다고 했다. 그런데 말없이 걷던 아이가 갑자기 어조를 낮추며 이렇게 말했다고 했다.

"아빠, 지금까지 아빠는 딱 세 번 했지요."

"응, 세 번?"

　"그렇잖아요. 우리가 삼남매니까요."

　"아아, 그래, 그렇군! 딱 세 번이군그래. 흐흐흐……"

　친구는 중학교 1학년에 다니는 아들에게 어떻게 설명해야
할지를 몰라 무척 당황했다고 말했다.

　자녀의 성교육!

　미상불 정말 난처한 문제가 아닐 수 없다. 성장 과정에서
어쩔 수 없이 갖게 되는 그 호기심들을 무턱대고 얼버무릴
수만은 없는 것이다. 그렇다고 수학을 가르치듯 그 공식부
터 가르친다는 것도 그렇다. 아이가 생기는 것은 아빠와 엄
마가 옷을 벗고 어쩌구 하면서 성교육을 시키는 것, 생각만
하여도 얼굴이 뜨겁다.

　나는 이 책에서 드러내놓고 말하기 꺼려지는 내용을 우리
의 해학(諧謔)을 이용하여 기술적으로 이야기할 생각이다.
왜냐하면 프리 섹스 시대에 살고 있는 많은 현대인들이 성
(性)의 오묘함에 대해서는 무지(無知)하기 때문이다.

나도 마누라를 빨리 과부로 만들고 싶다

가장 헛되게 보낸 날은 웃지 않는 날이다.
— 상포올 —

여러 명의 남자들이 모여 음담(淫談)과 패설(悖說)을 나누며 시간을 보내고 있었다.

"난 순진한 처녀가 좋아."

"아냐, 풋내기보다는 농염한 여자가 더 좋은 거야."

"ㅎㅎㅎ……. 몰라도 한참 모르는군그래? 자네들은 경험이 없어 모르는 모양인데, 뭐니뭐니 해도 과부가 제일이야. 마치 범이 하룻밤에도 몇 번이나 산을 넘듯, 잉어가 물 위를 팔딱팔딱 뛰듯이 잠자리에 임하는 과부 맛을 자네들이 어찌 알겠는가!"

이 말에 모두가 고개를 끄덕이며 수긍을 하였다. 이때 이를 듣고 있던 한 남자가 입맛을 쩝쩝 다시며 이렇게 말했다.

"아, 나도 마누라를 빨리 과부로 만들고 싶다!"

나라를 위하여 우량아를 만들고 있다

나는 남녀의 성(性)문란을
비도덕적이라고 생각한다. 성이 나쁘기 때문이 아니라
성이 너무 좋고 너무 중요한 것이기 때문이다.
　　　ㅡ랜드ㅡ

　　동서와 고금을 막론하고 여색을 탐하여 패가 망신한 사나이들의 예는 수두룩빽쩍하다. 섹스 앞에서는 대부분의 남성들이 무기력하다.

　　이 문제 앞에서는 금욕을 첫째 금기로 삼는 중들도 크게 다를 바가 없다. 30여 년 간 수도하여 득도하였다는 지족 선사(知足禪師)가 황진이에게 홀려 파계했다는 이야기는 유명하다. 유명한 중들이나 성자(聖者)가 미색에 홀려 파계한 이야기는 방종한 남성들의 변명거리가 되어 왔음은 주지의 사실이다.

　　"중 아무개도 미인을 보고 파계를 했다는 사실을 모르느냐? 그런데 나와 같은 범인이 미녀의 유혹을 어찌 감당할 수가 있겠느냐. 잘못했다. 다음부터는 절대로 딴짓을 하지 않을테니 한번만 용서해 달라."

바람피우다 아내에게 덜미를 잡힌 남자들은 손을 싹싹 비비며 이런 말로 마누라를 구슬린다.

다음의 이야기도 남자들의 변명거리에 적합한 이야기다.

선탄 대사는 학식이 깊고 우스갯소리에 능수 능란했다. 또한 호방한 성품에 방랑을 좋아하여 계율을 어기는 경우가 잦았다.

그가 운수 납자(雲水衲子)로 관서 지방을 떠돌 때 풍류를 아는 한 아리따운 기생을 만났다. 기생의 미태(美態)는 능히 사내의 마음을 사로잡을 만했고, 게다가 풍류 가얏고에 능하고 시를 잘했기 때문에 풍류 남자들이 그녀를 사랑했다.

물처럼 바람처럼 자유로운 성격의 선탄이 그런 기생을 외면할 까닭이 없었다.

"벌이 어찌 아름다운 꽃을 그냥 지나친단 말인가!"

선탄은 거리낌없이 그 기생을 찾아가 시를 지으며 술잔을 주고받았다.

기생이 운(韻)을 놓자 선탄이 곧 응답한다.

색시의 아리따운 자태 진실로 갑을이며
다정하고 예쁜 태도 여인 중의 으뜸이라
깊고도 은밀한 곳에서 그대를 만난다면
아무리 철석 간장인들 무사하지 못하리.

중으로서는 파격적이라 할 수 있는 고백의 시임과 동시에 유혹의 시였다.

기생이 그 시를 듣고 웃으며,

"스님도 여자를 가까이 할 수 있나요?"

하고 묻자 선탄은 크게 고개를 끄덕이며 혼쾌하게 대답한다.

"암, 하지 않아서 안하는 것이지 할 수 없어서 못하는 것이 아니지. 옛날 아란(阿難)은 불타의 수제자였으나 마등이라는 이름의 음녀와 정을 통했지. 아란이 중이 아니고 마등이 계집이 아니었겠느냐?"

선탄의 막힘이 없는 말에 기생이 다시 묻는다.

"그러면 스님께서도 그 일의 재미를 아시나요?"

"암, 알고말고! 극락 세계가 따로 있는 것이 아니야. 내가 지금 너의 치마를 벗기고, 너의 젖가슴을 만지고, 너의 가랑이를 벌리고, 너의 옥문에 들어가 물을 만난 물고기처럼 노닐면 그것이 바로 극락이지. 그러면 틀림없이 너도 내 덕에 극락을 구경하는 게지."

기생은 선탄의 이 말을 듣고 부쩍 몸이 단다.

"스님, 알았습니다. 스님의 불거진 대가리를……!"

"흐흐흐……. 너는 나의 머리가 불거진 줄만 알았지, 아랫 것이 불거진 줄은 모를 것이다. 널 위해 한번 시험해 주랴?"

기생이 얼굴을 붉히며 살며시 고개를 끄덕인다.

그러자 선탄은 마치 독수리가 병아리 채듯 기생을 껴안고 곧 한몸이 된다. 그 놀랍고도 신묘한 테크닉에 기생의 숨소리가 가쁘다. 기성을 절로 토해내며 사정없이 몸을 뒤튼다.

기생은 숨이 넘어갈 듯한 소리로 간신히 말한다.

"스, 스님! 스님께서 날 속였습니다. 사, 사람을 살리는 것이 아니라 이렇게 인사 불성이 되게 만드시다니요⋯⋯!"

선탄은 계속 헉헉거리며,

"불법(佛法)이 신통하여 사람이 살릴 수도 있고, 죽일 수도 있는 것이 아닌가!"

하면서 히죽거리는 것이었다.

이때 문틈으로 두 사람의 적나라한 섹스신을 침 삼키며 엿보고 있던 어떤 사나이가 문을 확 열어 젖히며 소리친다.

"대사, 대사께서는 지금 무슨 짓을 하고 있는 게요?"

선탄 대사가 계속 헉헉대며 얼른 대답하였다.

"음, 나라를 위하여 우량아를 만드는 중이지."

그 섬에서 생긴 일
— 양물을 일광욕 시키는 사나이 & 뱀장어와 여인 —

인간은 이성이라는 미명하에
비이성적인 행동을 할 수 있는
유일한 피조물이다.
— 몬테규 —

나에게 죄가 있다면 그날 밤 그 광경을, 그 소리를 들은 죄밖에 없다. 정말 그것을 본 죄밖에 없다.

사람이 살아가다 보면 누구라도 한두 번쯤은 묘한 일을 겪을 것이다. 마치 귀신에게 홀린 것과도 같은 그런 일을…….

내가 그 섬에 갔을 때는 몹시도 추운 어느 해 겨울이었다. 작은 여객선은 해질 무렵 포구에 닻을 내렸다. 낚시꾼으로 보이는 몇몇 사람들이 요란스럽게 떠들며 배에서 내렸다. 나는 그들의 뒤를 따라 선창에 내려 사방을 휘둘러보았다. 작고 초라한 상점들이 다닥다닥 어깨를 끼고 잔뜩 웅크리고 있었다. 짙은 회색빛 하늘에서는 눈발이 날리고 있었다.

"민박하실라면 우리 집에서 하시오 잉?"

눈두덩이가 시퍼렇게 멍이 든 여인이 다가와 심한 섬 사투리로 말했다. 따뜻하고 조용한 방을 구한다고 했더니 그 여인은,

"오매, 참말로 선상께서 찾는 집이 우리 집이 딱 맞당께 그라요."

어쩌구 하면서 나의 어깨를 끄는 것이었다.

포구에서 야트막한 언덕을 하나 넘으니 작은 어촌 마을이 자리를 잡고 있었다. 어림잡아 오십 여 채의 집들이 옹기종기 모여 있는 마을이었다.

나는 여인의 집 문간방에 여장을 풀었다. 허름하기 짝이 없는 방이었다. 몹시도 윗바람이 셌기 때문에 옷을 그대로 입고 있어도 덜덜 떨렸다.

"방이 너무 춥군요."

나는 속았다는 기분이 밀려들어 집 주인 여자에게 퉁명스럽게, 항의 비슷한 말을 했다.

"쬐끔만 기다릿시오 잉. 그라면 따뜻해질 것인께라."

여인의 말을 믿고 나는 방이 따뜻해지기를 기다렸다. 하염없이, 하염없이……

그러나 아무리 기다려도 방은 따뜻해지질 않았다. 시간이 흐를수록 동토의 땅처럼 칼날처럼 매서운 한기가 나를 사정없이 괴롭혔다.

시간이 얼마나 흘렀을까. 내가 추위와 싸우느라 잠 못 이루고 있을 때, 느닷없이 안방에서 남자의 상스러운 고함이

터졌다.

"이년아! 이 더러운 화냥년아!……."

"오매, 나 죽어! 생사람 잡지 마시오, 잉!"

남자의 상스러운 소리와 여자의 비명과 악다구니, 그리고 아이들의 울부짖음이 계속 집안을 들썩거리게 했다.

그날 밤, 그 집 남자는 무시무시하게 자기의 아내를 두들겨 팼다. 입에 담지도 못할 그런 추잡한 소리를 지껄이며 새벽이 올 때까지…….

"잘 주무셨소까? 아침을 드셔야지라."

새벽녘에서야 가까스로 한숨 붙인 내가 눈을 떴을 때 집주인 여자가 말했다. 그 여인은 간밤에 남편에게 그렇게 얻어맞고도 쌩쌩했다. 다만 시퍼렇게 멍이 든 눈두덩이가 더욱 시퍼렇게 보일 뿐이었다.

작품을 쓰기 위하여 일부러 조용한 섬을 찾아 들어왔던 나는 도저히 춥고 시끄러운 그 집에서 머물 수가 없었다.

"됐습니다."

나는 퉁명스럽게 내뱉은 후 여장을 챙기며 여인을 외면했다.

"선상님 땜시 역부러 아침상을 준비했는디라……."

그래서 어쨌단 말인가. 지난밤을 생각하면 절로 이가 갈리는데, 그 맛대가리 없는 밥까지 사 먹으라는 얘긴가. 나는 배낭을 어깨에 메고 재빠르게 그 집을 나와 버렸다.

아직 이른 아침이라 안개가 채 걷히지 않고 있는 섬마을은 고즈넉했다. 오싹한 한기가 밀려들었다. 뜨거운 커피 한

잔이 간절했다. 나는 식당이나 가게를 찾으려고 마을을 한 바퀴 둘러보았다. 그러나 숙박 시설이라든가 식당 같은 것은 물론이거니와 가게처럼 생긴 집도 찾을 길이 없었다. 대신 곳곳의 대문이나 담벼락에 서툰 글씨로 '민박'이라고 쓴 집들이 많았다.

마을 바로 뒷편의 산기슭에 공동우물이 하나 있었다. 우물가에서 동네 아낙들이 물을 긷고 있었다. 나는 그녀들에게 마땅한 민박을 알아볼까 하고 그쪽으로 걸음을 옮겼다가 흠칫 걸음을 멈추고 말았다.

우물 바로 옆에서 똥개 두 마리가 방뎅이를 딱 붙이고 홀레를 하고 있기 때문이었다.

'짜식들, 꼭 우물가에서 저 짓을 한단 말이야.'

나는 민망하여 발길을 돌리려고 했다. 바로 이때 물을 긷던 아낙과 눈길이 정통으로 마주쳤다. 늙수그레한 그 아낙도 다소 민망한 모양이었다. 홀레하는 똥개들을 홀끔 보았다가 나를 치켜보았다.

"이놈의 벼락맞을 개새끼들!"

늙수그레한 아낙 곁에 있던 메기처럼 입이 큰 젊은 아낙이 찬물 한 바가지를 홀레하고 있는 똥개들에게 끼얹으며 소리쳤다. 그러자 똥개들은 끼낑! 신음을 내며 몇 발짝 뒷걸음질을 쳤다.

'찬물을 끼얹다'라는 말이 불현듯 생각났다. 이 말은 바로 개들이 홀레할 때 찬물을 끼얹은 데에서 유래한 말이다. 한창 재미를 보고 있는데 찬물을 끼얹어 헤살을 놓는다는 뜻인데, 이런 비속한 말을 이곳저곳에서 뜻도 모르고 널리 쓰고 있는 것이다.

"이 마을에 식당이나 상점은 없습니까?"

내가 마땅히 시선을 둘 곳을 찾지 못하고 어눌한 목소리로 묻자 메기 입의 여자가 말했다.

"여기는 없어라. 선창가에 전빵(상점)이 있기는 있는디······."

메기 입은 나의 행색을 아래위로 훑다가 슬쩍 흘레하는 똥개들을 곁눈질했다. 나도 덩달아 똥개들을 보았다. 꺼무뎅뎅한 놈이 수캐였고, 누르께한 놈은 암캐였다. 암캐가 월등히 컸다. 그래서 수캐의 뒷발은 거의 공중에 들려있다시피 했다. 그런 불완전한 자세 탓에 수캐는 혀바닥을 쏙 내밀고 몹시 헉헉 대고 있었다.

내가 당분간 머물 민박을 구한다고 하자 아낙들의 눈빛이 달라졌다. 아낙들은 모두 나를 자기 집으로 데려갔으면 하는 눈빛이었다. 아마 모르기는 해도 그런 비수기에 나같은 나그네의 민박을 치면 가계에 적잖은 보탬이 되기 때문인 것 같았다.

악몽 같았던 지난밤을 슬쩍 내비치며 따뜻하고 조용한 방을 강조했더니, 아낙들은 저마다 자기 집이 좋다고 했다.

아낙들과 이야기를 하고 있는 동안 순식간에 우물가에 십여 명의 여자들이 모였다. 물이 귀한 섬이라서 온 마을이 그 공동우물을 이용하고 있는 것이었다.

나는 마음속으로 어느 아낙의 집이 좋을까를 골똘히 생각했다. 식당이 없는 섬에서 여러 날을 묵으려면 방도 방이지만 무엇보다 음식이 입에 맞아야 하는 것이다.

나는 그중에서 한 아낙에게 마음이 끌렸다. 마흔 살이 넘었을 것으로 보이는 그 아낙은, 다른 아낙들과는 달리 용모나 옷매무시가 무척 깔끔하다는 인상을 풍겼다. 비위가 좀 약하고 신경이 예민한 나는 추물스런 사람이 만드는 음식을 입에 대지 못하기 때문이기도 했다.

여인의 집은 그 섬마을에서는 꽤나 큰 기와집이었다. 넓직한 마당을 중앙에 두고 사방이 안채와 별채, 그리고 사랑채로 둘러쌓여 '□형'의 구조를 취하고 있었다.

내가 여인의 뒤를 따라 그 집의 대문을 들어섰을 때 허리가 'ㄱ자로' 굽은 노인이 툇마루에 서서 형형한 눈빛으로 빤히 나를 내려다보았다.

염소수염이 하얗게 자란 노인의 나이는 일흔이 훨씬 넘어 보였는데, 그 형형한 눈빛을 보아 기력이 왕성하다는 것을 한눈에 느낄 수 있었다.

"이 손님께서 민박을 한다기에 모시고 왔어요."

여인의 말에 노인은 마땅찮은 헛기침을 하며 쉿소리를 냈다.

"흥, 뭐라구? 내 집에서 민박을 친다구?"

노인과 여인의 차갑고도 날카로운 시선이 허공에서 부딪쳤다. 그것을 보고 있으려니까, 괜히 나의 오금이 저렸다. 노인은 민박 손님을 받는 것을 달갑잖게 생각하는 것이 분명했고, 노인의 딸인지 며느리인지는 모르는 그 여인은 자기의 생각을 기필코 관철시키려는 것처럼 보였다.

"어르신, 당분간 신세를 지겠습니다."

내가 어색한 분위기를 깨려고 공손히 허리를 숙이고 인사를 했다. 그러자 노인은 담배를 빼어물고 라이터를 켜서 불을 붙이면서,

"어디서 왔소?"

하고 묻더니 다시 나의 행색을 유심히 살폈다.

"네, 서울에서 왔습니다."

"서울? 뭣하는 사람이오?"

"글을 쓰는 사람입니다."

"글……."

"네, 소설을 쓰고 있습니다."

"……소설을 쓰려고 이곳에 왔단 말이오?"

"그렇습니다."

"으흠, 원래 내 집에서는 민박인지 뭔지를 하질 않소. 그러나 소설가 선생께서 꼭 머물겠다면 저쪽 방을 쓰시오."

노인은 글을 쓴다는 말에 누그러졌는지는 모르지만, 안채와 바싹 붙은 오른쪽 별채의 방을 가리켰다.

방은 아담하고도 깨끗했다. 유리창을 통하여 햇살이 가득 방으로 쏟아져 들어왔다. 그 유리창을 내다보니 멀리 잔잔한 바다가 보였는데, 그러한 풍경이 마음에 쏙 들었다.

쓰지 않는 큼직한 밥상을 하나 빌려 책상으로 삼고, 책을 정리하고 있는데 누군가 노크도 없이 벌컥 방문을 열었다.

"아저씬 누구야?"

눈이 유난히 크고 얼굴이 갸름한 처녀였다. 나이는 스물 두셋으로 보였는데, 섬처녀답지 않게 피부가 새하얬다.

"오늘부터 이 방을 쓸 사람입니다만……."

나는 난데없는 처녀의 출현과 무례한 반말에 다소 어눌한 목소리로 대답했다. 그러자 처녀는 까르르 웃으며 성큼 방 안으로 들어왔다.

"그럼, 우리랑 살거야?"

나는 한눈에 그 처녀의 정신이 온전하지 못하다는 것을 알았다. 그리고 그녀는 심하게 다리를 절고 있었다.

"이것아, 냉큼 그 방에서 못 나오겠느냐!"

노인이 소리치자 처녀는 뾰로통해서 입을 삐쭉 내밀고 허공에 주먹질을 했다.

"아부지야, 제발 소리지르지 말아라! 귓청 떨어지겠다!"

"저것이 뭐라고 씨부렁거리는 거야! 빨랑 나오지 못해!"

"에잇, ×할……."

처녀의 말과 행동에 나는 어안이 벙벙했다. 입버릇처럼 '×할'이란 말을 입에 담았고, 노인에게 아부지(아버지)라 하면서도 꼬박꼬박 반말을 했다. 정신이 온전하지 못하기 때문에 할아버지를 아버지라 부른다는 생각이 들었다.

아침을 먹고 섬을 둘러보았다. 해안을 따라 한참을 걷다 보니 제법 큰 마을이 하나 있었는데, 그곳에는 다방과 식당 이 있고 술집도 있었다.

커피를 한잔 마시려고 다방에 들어갔다. 그런데 다방에는 젊은 아가씨들끼리 온통 테이블을 차지하고 앉아 시끄럽게 잡담을 나누고 있었다. 그녀들의 시선이 일제히 내게 쏠렸다. 호기심을 가득 담고 있는, 마치 희귀한 동물을 보는 듯한 그런 시선이었다.

"어머나, 멋진 왕자님께서 누굴 찾아오셨나!"

누군가 이렇게 소리치자 왁자그르르한 소란이 불꽃처럼 일었다.

"날 찾아왔지요? 그렇지요?"

"아냐, 나야, 나라구!"

순 여자들 판에 남자 하나가 불쑥 나타나니 그네들은 한층 용기가 샘솟는 모양이었다. 그녀들은 나를 빤히 치켜보면서 걸쩍한 입방아들을 연신 찍어댔다.

나는 황당하기도 하고 화가 나기도 했다. 그래서 급히 다방 문을 나서려는데 누군가가 어깨를 잡았다. 짙은 화장을 한 중년 여자였는데, 그 다방의 주인 마담인 듯했다.

"어서 오세요."

마담은 눈웃음을 살랑살랑 치며 나를 붙잡더니 난로가 타고 있는 중간의 자리를 내게 양보하라고 처녀들에게 소리쳤다. 처녀들은 순순히 자리를 양보했다.

"낚시하러 오셨어요?"

커피를 내온 마담이 묻자 나는 고개를 저었다.

"그럼, 이 섬에 왜 오셨나요?"

마담의 이런 질문이 계속되는 동안 다방 안은 거짓말처럼 조용해졌다. 낯선 사내의 정체를 파악하려는 여자들의 호기심을 단적으로 말해주는 그런 광경이었다.

나는 한결같이 거칠고 거무튀튀한 여자들의 모습을 슬며시 한바퀴 둘러본 후에 덩달아 호기심에 동하였다. 이 섬에는 웬 여자들이 이렇게 많은가 하는…….

"좀 쉴려고 왔지요. 그런데 이 섬에 아름다운 아가씨들이 참으로 많은 것 같습니다그려."

"ㅎㅎㅎ……. 공장에서 일하는 처녀들이에요."

"공장이요?"

"그래요. 저쪽에 큰 미역 공장이 있어요. 오늘은 일요일이라 다방에서 죽치고 있는 게지요."

"공장에는 남자들은 없나요?"

"왜 없겠어요. 있기는 하지만 여자에 비하면 수가 많이 적지요. 이 섬에서 남자들은 다방에 잘 안 와요. 술이나 처먹을 줄 알지……."

마담은 남자들이 다방에 오지 않는 것에 불만이 많은 듯했다. 하기는 어느 골빈 남자가 거칠고 못생긴 여자들이 와시글덕시글하는 장소에 오겠는가!

다방을 나온 나는 상점에 들려 커피 세트와 술 한 병을 사들고 이곳저곳을 기웃거리다가 다시 해변을 따라 집으로 돌아왔다.

"×할, 어디 갔다 오냐?"

대문을 열고 들어가기가 무섭게 그집 딸이 절룩거리며 뛰어와서 다짜고짜 반말로 물었다.

"큰마을에 갔다 온다."

나는 다소 익살스러운 표정을 지으며 반말을 했다.

"×할, 왜 너 혼자 갔냐?"

그녀가 코를 쿵쿵거리며 묻자 나는 좀 측은한 생각이 들어 부드럽게 대꾸했다.

"미안, 근데 네 이름이 뭐니?"

"순임이다. 박순임이가 내 이름이다."

"참 예쁜 이름이구나. 그런데 예쁜 아가씨가 욕을 하고 어른한테 반말을 하면 못써!"

"예쁜 아가씨? 반말? 못써?"

순임이는 고개를 갸웃하며 그렇게 중얼거렸다.

점심은 집주인 노인과 겸상을 했다. 여자는 별도로 상을 준비하겠다고 했지만, 구태여 번거롭게 하기는 싫었다.

"괜찮습니다. 제가 있는 동안은 어르신네 상에 밥만 한 그릇 더 올리시면 됩니다."

나의 이 말이 노인의 마음을 흡족하게 만든 것 같았다. 집주인 여자의 외모만큼이나 정갈했고 또 내 입맛에도 맞았다.

"오전에 큰마을에 갔다가 한 병 사 왔습니다. 반주로 한잔 드시지요."

내가 술병을 따자 노인은 부엌을 향해 소리쳤다.

"여보게! 곱뿌 두 개만 줘."

여인이 말없이 술잔 두 개를 들여주고는 밖으로 나갔다.

노인은 술 몇 잔을 들이키자 말이 많아졌다. 일제 때 동경에서 공부를 했는데, 한때 자기도 문학에 심취했다고 했다. 그때는 고깃배를 일곱 척이나 가지고 있었기 때문에 인근에서 제일가는 부자였는데, 아홉이나 되는 자식들을 가르치느라 많은 재산을 탕진했다고 했다.

"그래도 이곳에선 나를 무시할 놈은 없어. 암, 내가 누군데 나를 무시해!"

노인의 자식들은 모두 뭍에 나가 살고 있다고 했다. 큰아들은 어디선가 경찰서장을 하고 있고, 셋짼가 넷째는 곧 별을 달게 될 것이라고 장담했다.

"늙그막에 본 자식이 저모양 저꼴이라……!"

노인은 배알이 뒤틀린 소리를 토내해며 단숨에 술잔을 털어넣었다.

"순임이가 어르신네의 따님이란 말씀입니까?"

내가 놀라며 묻자 노인은 이맛살을 찌푸렸다.

"그렇소. 딸이 아니라 웬수요, 웬수. 저따위 병신을 어디다가 여울 수도 없고 말이오."

나는 노인의 말을 듣고서야 어렴풋이 그 집안의 내력을 짐작할 수 있었다. 순임이가 딸이라면 그 여인은 노인의 며느리나 딸이 아니라 아내였다. 허리가 기역자로 굽은 노인에게 아직도 팔팔한 아내가 있다는 사실은 믿기지가 않았지만, 엄연한 사실이었다.

'뭔가 사연이 있으리라!'

나는 묘한 호기심에 잠겨 언덕을 넘어 선창으로 나갔다. 선창가 주점에는 어제 함께 배를 타고 왔던 낚시꾼들이 푸

짐하게 회를 쳐놓고 술잔을 돌리고 있었다.

"여보시오, 들어 와서 한잔 하시오."

나의 얼굴을 기억한 낚시꾼이 손짓을 하여 나를 불렀다. 싱싱한 회를 보고 군침이 돈 나는 염치불고하고 주점 안으로 들어갔다.

낚시꾼들은 저마다 싱싱한 바닷고기를 아이스박스가 터질 정도로 잡았다. 그것을 얼음에 쟁여 아이스박스를 채우고도 남아서 비닐봉지에 넣어두고 있었다.

그들과 합석하여 권커니 작커니 하다보니 얼굴이 확확 달아올랐다.

"흥흥……, 저 미친놈, 또 발광을 했군그래?

낚시꾼의 이 말에 무심코 밖을 보았다가 나는 기겁을 했다. 선창가에는 어떤 건장한 사내가 바지를 홀라당 벗고 이리저리 뛰어다니고 있는 것이 보였기 때문이었다.

"저놈 연장 하나는 정말 좋은데……."

내 옆자리의 낚시꾼이 아깝다는 듯이 입맛을 쩝쩝 다셨다. 그러자 나를 불렀던 낚시꾼이 이죽거렸다.

"이 사람아, 너무 부러워하지 마! 연장 때문에 신세 망친 작자가 아닌가."

아닌게아니라 그 사나이의 연장은 거대했다. 거무죽죽한 그것은 말의 그것과 족히 견줄 만했다.

"저것은 말씀이야, 연장이 아니라 흉기야, 흉기."

다른 낚시꾼이 말했다. 나는 그 말이 그럴듯하게 들려 고개를 끄덕였다.

"형씨, 저자가 왜 저러는지 알고 있소?"

연장이 아니라 흉기라고 말한 낚시꾼이 실실 웃으며 나에게 말했다. 내가 관심을 보이며 고개를 젓자 그는 회 한 점을 우걱우걱 씹으면서 말했다.

"그러니까 말씀이야. 저자는 소문난 난봉꾼이었는데 말씀이야……."

낚시꾼은 말끝마다 '말씀이야'라는 말을 후렴처럼 덧붙이며 그 사나이의 이야기를 하기 시작했다.

권총찬(權總讚)이라는 이름이 그 사나이는 섬에서 행세깨나 하는 집의 아들로서, 서울에서 대학을 나왔다고 했다. 게다가 노래를 잘 부르고 풍채가 당당한 멋쟁이 미남자였기 때문에 여자들의 갈애(渴愛)의 대상이 되었다.

부모의 막대한 재산과 그 자신의 학벌, 그리고 빼어난 외모로 말미암아 그는 항상 의기 양양했다. 그는 세상의 어떤 여자라도 자기가 마음만 먹으면 품에 안을 수 있다고 자신만만해 했다.

사실 그의 장담은 결코 허풍이 아니었다. 규모가 큰 미역 공장이 있는 관계로 섬에는 항상 젊은 여자들이 들끓었다. 그녀들 중에서 인물이 반반한 처녀들이 그와 놀아났다. 그가 유혹하는 경우도 있었지만, 대부분은 여자들이 더 적극적이었다. 그의 주변에 여자들이 눈에 불을 켜고 모여들었고, 저마다 사랑을 받고자 끈질기게 지분거렸다. 그중에는 완력으로 어찌해 보려는 억센 여자도 있었고, 심지어는 미리 발가벗고 노골적으로 유혹하는 처녀도 있었다.

그는 대학을 졸업하고도 취직할 생각을 않고 섬에서 묻혀 지냈다. 고시 공부를 한다는 명분으로 섬 집에 머물고 있었지만, 그리 열심히 공부를 하는 것 같지는 않았다.

그해 겨울 그 섬에 한 젊은 부부가 들어왔다. 무척 특이한 부부였다. 남자는 훌쭉하게 키가 크고 깡마른 데다가 얼굴이 유난히 창백했다. 거기다가 굵은 검은테 안경을 쓰고 있었기 때문에 학자처럼 보였다. 여자는 탄력있는 몸매를 가진 빼어난 미인이었다.

그 부부가 섬에서 살게 되자 묘한 소문이 꼬리에 꼬리를 물었다. 사업에 크게 실패하고 알거지가 되어 섬에 들어왔다고도 했고, 공직 생활을 하다가 부정한 사건에 연루되자 도망친 사람들이라고 하기도 했다.

어쨌든 그 남자는 살기 위하여 고깃배를 탔고, 여자는 미역 공장에서 잠시 일하다가 그만 두었다.

권총찬은 그 여인을 처음 본 순간, 그만 숨이 막히고 오금에서 힘이 빠지는 듯한 전율을 느꼈다. 여인의 샛별처럼 빛나는 눈에는 신비한 마력이 도사리고 있어, 어떠한 남자라해도 한번 시선을 마주치고 나면 애간장을 녹일 만했다.

권총찬은 그날부터 매일 여인의 주위를 맴돌면서 유혹의 손길을 뻗히기 시작했다. 여인도 정숙한 여자는 아니었던 모양인지, 돈 많고 멋진 청년의 계속된 유혹을 끝끝내 뿌리치지는 못했다.

그러던 어느 날 여인의 남편이 고기잡이를 떠났다. 기회

가 왔다고 생각한 권총찬은 그날 밤 여인의 방에 아무도 모
르게 침입했다.

그런데 공교롭게도 아침에 고기잡이를 떠났던 배가 폭풍
때문에 급히 섬으로 돌아왔다.

'아니, 이게 무슨 소린가!'

집으로 돌아온 얼굴 창백한 사나이는 방에서 새어나오는
이상한 신음소리를 듣고 눈에서 불똥이 튀었다. 그 소리는
숨이 넘어가는 듯한 아내의 신음소리였다. 간간이 남자의
목소리도 함께 얽혔다.

"헉!"

얼굴 창백한 사나이는 불끈 쥔 손을 부들부들 떨며 주위
를 두리번거렸다. 그러다가 무슨 생각을 했는지 마룻바닥에
무릎을 꿇고 열쇠구멍으로 방안을 들여다 보았다.

얼굴 창백한 사나이는 까무러칠 정도로 놀랐다. 그와 동
시에 속에서 부글부글 끓듯이 울화가 치밀어 올랐다. 불빛
이 환한 방안에서는 아내와 바람둥이로 소문난 청년이 칡뿌
리 얽히듯 얽혀 신음과 괴성을 토해내고 있는 것이었다.

얼굴 창백한 사나이의 낯빛은 더욱 창백해 졌다. 두 눈에
서는 파르스름한 불꽃이 지글지글 타올랐다.

그런데 사내는 당장 방문을 부수고 들어가 현장을 잡는
행동을 취하지 않았다. 낫이나 칼로 부정의 현장이 잡힌 두
사람의 몸뚱이를 갈기갈기 난자질하는 잔인한 행동도 하지
않았다. 아내의 머리채를 잡고 질질 끌고 다니며 죽어라고
때리는 짓도 하지 않았다.

얼굴 창백한 사나이는 도저히 참을 수 없는 광경을 보고
도 소리없이 집을 빠져나왔다. 한참이 지난 후에 다시 대문
밖에 그 사나이가 나타났는데, 그의 손에는 검은 비닐봉지
가 하나 들려 있었다.

얼굴 창백한 사나이는 골목 끝에 털썩 주저앉아 검은 비
닐봉지 속의 물건을 꺼냈다. 둥글고 번들거리는 물체였는
데, 자세히 보니 술병이었다.

그는 이빨로 술병을 까고 병나발을 불었다. 안주도 없이
계속 술병을 나발불며 시간을 보내고 있는 것이었다.

시간이 얼마나 흘렀을까.

집에서 검은 물체 하나가 재빨리 밖으로 나와 골목을 걸
어나왔다.

"재미 많이 보셨나요, 권총찬 씨?"

얼굴 창백한 사나이는 음산한 목소리로 말하며 권총찬의
앞을 가로막았다. 권총찬은 여인의 남편임을 확인하고 소스
라치게 놀라 뒷걸음질을 쳤다.

"흐흐흐……. 너무 놀라지 마시오. 오늘밤 내 마누라가
신세를 많이 져서 고맙다는 말을 하려고 이렇게 기다리고
있었소."

권총찬은 얼굴 창백한 사나이의 뜻밖의 말에 가슴이 뜨끔
하여 걸음을 멈추었다.

"권총찬 씨……. 난 당신과 내 마누라가 무슨 짓을 했는지
를 열쇠구멍으로 다 봤소."

"헉!"

권총찬은 심장이 얼어붙는 것만 같아서 자신도 모르게 신음을 토하며 얼굴이 파랗게 질렸다.

"아아, 뭐 그렇게 놀랄 필요는 없소. 내가 권총찬 씨를 탓하는 것은 결코 아니니까 말이오."

"타, 탓하는 것이 아니라구요?"

"그렇소. 오히려 감사를 드려야 하는 일이지요."

"감사를 드린다구요?"

얼굴 창백한 사나이는 가볍게 고개를 끄떡이며 나지막하게 말했다.

"내 마누라는 업병(業病)에 걸린 응보로 오랫동안 남자에 굶주렸습니다. 그래서 당신의 행위에 감지덕지했을 겁니다."

"뭐요? 업병이라니요?"

권총찬은 기색이 달라지면서 황급히 물었다.

"그렇소. 무지한 깜둥이 녀석에게 강제로 윤간을 당했는데, 그 후로부터 몹쓸 병을 얻어 가지고 이때까지……."

"업, 업병이란 대체 어떤 병입니까?"

권총찬의 목소리는 사뭇 떨리고 있었다.

"말하자면 에이즈(AIDS)와 비슷한 성병이죠. 어떤 사내도 내 마누라 배 위에 올라타기만 하면 마지막이 되고 말지요."

"에이즈? 마지막?"

"그렇소. 볼장 다 보게 되는 것이지요. 즉 사내 구실을 하는 귀중한 부분이 점점 썩어 문드러지는 괴상한 병인데, 덕분에 내 것도 폐물이 된 지가 벌써 오래지요.”

“허억! 그, 그게 정말입니까? 무슨 치, 치료 방법은 없습니까……?”

“불행히도 여자는 비참한 죽음을 면치 못하지요.”

“그, 그럼 남자는요?”

“남자는 조기에 치료를 하면 고칠 수도 있다고 하더군요.”

“고, 고칠 수가 있다구요?…… 어, 어떻게 치료를 해야…
…, 그 방법을 혹시 아, 아십니까?”

“알고는 있지요.”

권총찬은 얼굴 창백한 사나이 앞에 털썩 무릎을 꿇고 애원을 했다.

“제, 제발 저에게 그 방법을 알려 주십시오. 돈, 돈은 얼마든지 내겠소.”

얼굴 창백한 사나이는 다음날 밤에 많은 돈을 받고 은밀히 그 방법을 알려 주었다.

“살고 싶으면 꼭 실행을 하시오. 방법은 자연 요법밖에 없는데……, 아침부터 밤까지 그것을 햇빛과 바람에 쐬면 된다고 하더군요. 슬프게도 나는 이미 썩어 문드러진 뒤에야 이 방법을 알았기 때문에 아무런 소용이 없었소. 업병에 걸리면 어떻게 되는지 한번 확인해 보시겠소?”

“확인을 하라구요?”

“똑똑히 보시오.”

얼굴 창백한 사나이는 서둘러 혁대를 풀고 바지를 내

렸다. 그러자 코를 에이는 듯한 지독한 악취가 풍겼다. 팬티를 내리자 더욱 고약한 악취와 함께 사나이의 연장이 불쑥 나왔다. 몹시도 악취가 풍기는 그 연장은 구두약처럼 새까맣게 변해 있었고, 대가리 부분은 노란 진물이 흐르고 있었다.

"잘 보았소. 자연 요법을 실행하지 않으면 바로 이렇게 된다는 사실을 잊지 마시오."

"아, 알겠소! 꼭 실행을 하겠소. 그, 그런데 자연 요법을 하면 정말 업병에 걸리지 않을까요?"

"나는 거짓말을 못하는 사람이오. 그러니 내 말을 믿으시오. 당신은 내 마누라와 상관한 지가 얼마 되지 않았으니 그렇게만 한다면 괜찮을 거요."

권총찬이 미쳤다는 소문이 나돌게 된 것을 그 이튿날부터였다. 그는 장소를 가리지 않고 아무데서나 자신의 거대한 남성을 끄집어내서는 바람을 쐬고 일광욕을 시켰다. 누가 보거나 말거나, 또 여자들이 비명을 지르거나 졸도를 해도 상관하지 않았다.

권총찬이 해괴한 행동을 하기 시작한 지 며칠 후에 얼굴 창백한 사나이는 아내를 데리고 훌쩍 그 섬을 떠났다.

"어떻소? 저자가 저토록 거대한 흉기를 꺼내고 뛰어다니는 이유를 알겠소?"

나는 낚시꾼의 그 이야기를 흥미있게 듣기는 했지만, 몇 가지 의문이 생겨 이렇게 물었다.

"정말 업병이라는 것이 있습니까?"

"흐흐흐……. 그 얼굴 창백한 사나이가 지독한 복수를 한 것이지요. 그 사나이는 자기의 연장에 먹물을 칠하고 닭똥과 개똥 등을 짓이겨 지독한 냄새가 나게 했다더군요."

"그렇다면 귀두(龜頭)의 노오란 진물은 대체 무엇이었습니까?"

"흐흐……, 코를 발라놓은 것이지요. 그런데 사람들이 그런 사실을 아무리 말해 줘도 저 친구의 귀에는 마이 동풍, 믿으려 들지를 않는다는 겁니다."

나는 취한 눈으로 불행한 사나이의 진묘한 행위를 하릴없이 구경했다.

그 섬은 여인들이 들끓는 섬이었다. 바다에 남편을 묻은 과부들이 많았고, 미역 공장에서 일하는 여자들이 수두룩했다. 이에 비하여 남자는 귀했다. 특히 젊은 남자는 눈을 씻고 보아도 찾아보기가 힘들었다.

섬에서 며칠을 보내는 동안 나는 백치 처녀 순임이 때문에 자꾸 골머리를 썩였다. 아무 때나 내 방으로 들어와 나의 작업을 방해하는 것이었다.

하루는 문뜩 눈을 뜨니 순임이가 내 방에서 팔다리를 쭉 뻗고 누워 새근새근 잠을 자고 있는 것이었다. 내가 술에 취하여 잠들어 있을 때 살짝 들어와서 잠든 것이 분명했다.

시간은 자정을 조금 넘어서고 있었다. 나는 무척 난처했다. 아무리 세상 물정 모르는 백치라 하지만, 과년한 처녀가 내 방에서 잠들어 있는 모습을 보니, 그 부모가 알까 무서웠다.

나는 순임이를 깨울까 하다가 이내 그 생각을 접었다. 깨우면 지능이 모자란 그녀는 큰소리를 낼 것이 분명하기 때문이었다.

"어쩐다……!"

그렇다고 내 방에서 계속 재울 수도 없었다. 생각 끝에 나는 한손으로 그녀의 목을 받치고 다른 손으로는 그녀의 허벅지를 받쳐들고 조심스럽게 자리에서 일어났다.

그녀의 몸은 생각했던 것보다는 훨씬 무거웠다. 펑퍼짐한 엉덩이가 밑으로 축 처짐과 동시에 치마가 처진 허리께로 몰렸다. 허옇고 토실토실한 허벅지가 훤히 드러나며 빨간 팬티가 보였다.

나는 눈앞에 아찔했다. 가슴속은 망방이가 한 열 개쯤 두드려대는 것처럼 요란하게 뛰었다.

"나이 많은 여자를 보면 어머니처럼 생각하라. 나이 어린 여자를 보면 딸처럼 생각하고, 젊은 여자를 보면 누이처럼 생각하라. 그러면 욕망이 사그라지리라!"

나는 어느 스님에게서 들었던 이 말을 중얼거리며 조심스럽게 방문을 열고 밖으로 나왔다. 무거워 끙끙 대면서 내 방 맞은편에 있는 순임이의 방까지 가면서 자꾸만 안채에 신경이 쓰였다. 만약 그런 내 모습이 발각된다면 죄도 없이 더러운 누명을 쓸 것은 분명했기 때문이었다.

다행히 발각되지는 않았다. 그렇지만 백치 처녀의 알몸과 다름없는 눈부신 허벅지와 빨간 팬티가 자꾸만 눈앞에 어른거려 정신이 혼란스러웠다. 도저히 잠을 이룰 수가 없었다.

나는 방에 불을 켜지도 않고 자리에서 일어 서서 담배 한 대를 붙여 물고 물끄러미 창밖을 보았다. 교교한 달빛 아래서 바다와 백사장은 한창 뜨겁게 뜨겁게 정사(情事)하고 있었다. 파도는 부드럽고 줄기차게 백사장을 애무했고, 백사장은 연신 참을 수 없는 희열의 신음을 조용히 조용히 토해내고 있었다.

사르르 사르르륵……. 아아, 사르르르…….

그러다가 파도는 최고의 절정을 도저히 참을 수가 없는지 허연 이빨을 드러내 갯바위를 물어뜯으며 요란하게 울부짖었다.

철썩, 처얼썩! 아아, 처어어얼썩……!

바다와 백사장의 정사를 보고 있노라니 멀리 떨어져 있는 아내가 몹시도 그리웠다.

'아내도 내 생각을 하며 잠 못 이루고 있을까?'

나는 문득 바닷가에 가보고 싶었다. 아무도 모르게 뜨겁게 정사하는 그 광경을 직접 확인해 보고 싶은 충동이 일었다.

조심스럽게 방문을 열고 마당으로 나와 발소리를 죽이고 대문 쪽으로 걸어갔다. 그러나 대문을 열 수가 없었다. 문빗장을 단단히 걸었기 때문에 빗장을 따고 대문을 열면 요란한 소리가 날 것만 같았다. 그 소리에 노인이 깨어 어디를 가느냐고 물으면 무어라고 대답할 것인가! 바다와 백사장의 정사를 보러 간다고 대답한다면 아마도 미친놈이라고 할 것이다.

나는 뒤꼍의 담을 넘으리라 생각하고 걸음을 옮겼다. 뒷꼍으로 가는 안채의 측면에 붙은 방의 창문을 통하여 은은한 불빛이 새어나오고 있었다. 집안 식구라고는 노인과 중년 부인, 그리고 백치 처녀 순임이가 전부라고 노인은 말했었다. 그런데 그 깊은 시간에 아무도 없을 방에서 불빛이 새어나오고 있는 것이었다.

'이상한 일이군?'

부쩍 호기심이 동한 나는 문틈으로 살며시 방안을 엿보았다.

'이크, 저게 뭐야!'

나는 깜짝 놀라며 내 눈을 의심했다. 방안에서는 실로 해괴 망측한 일이 벌어지고 있었다.

천장의 형광등 커버에 묶은 낚싯줄이 길게 늘어진 끝에 번들거리는 암갈색의 뱀장어 한 마리가 꼬리 부분을 총총 동여매인 채 매달려 있었다. 그 뱀장어는 대가리를 어딘가에 박고 심하게 꿈틀거리고 있었다.

뱀장어가 대가리를 박고 있는 곳은 벌거숭이 여인의 잘록한 허리 밑의 거웃이 무성한 곳이었다. 뱀장어가 꿈틀댈 때마다 여인은 무서운 기세로 몸을 뒤틀며 곧 숨이 넘어가는 듯한 낮은 신음을 연신 토해냈다.

'세상에, 우째 저런 일을…….'

나는 못 볼 것을 보고 말았다. 차마 보아서는 안될 것을 그렇게 보고 말았다.

바다에 가고 싶은 마음이 삼천리 밖으로 달아난 나는, 요
동치는 가슴을 부여잡고 가까스로 내 방으로 돌아왔다. 뱀
장어를 이용하여 자위 행위를 하던 여인의 모습이 눈에 선
하여 머리가 지근지근 아플 정도였다.

그 광경을 목격하기 전까지 내가 생각한 여인의 인상은
매우 좋았다. 귀부인처럼 단아한 용모와 우울한 눈빛, 그리
고 거의 말이 없는 모습이 어떤 슬픔과 안타까움을 내 가슴
에 밀어처럼 전해 주고 있었다. 아직 젊고 그대로 지내기엔
미모가 아까운데, 꼬부랑 노인과 살고 있다는 사실이 나로
하여금 안타까움을 느끼게 만들었고, 거기다가 백치 딸을
두었기 때문에 겪어야할 어머니의 아픔이 내 가슴에 슬픔으
로 전달되었던 것이었다.

그런 여인이, 생각하기에도 부끄러운 행위를 은밀히 즐기
고 있는 것이었다. 나는 언제까지나 그 기억이 뇌리를 떠날
것 같지 않아 고통스러웠다.

"아저씨야, 밥 묵어라!"

나는 순임이가 요란하게 문을 흔들어대는 바람에 눈을 떴
다. 밤새 뒤척이다가 새벽녘에 깜빡 눈을 붙였던 모양이
었다.

안방에서 노인이 아침상을 받아놓고 나를 기다리고 있
었다.

"밤 늦도록 글을 쓰신 모양이지요?"

"아, 네, 그래서 늦잠을 잔 모양입니다."

나는 이렇게 얼버무리며 밥상에 앉았다. 숟가락을 들고

상 위를 본 나는 갑자기 구역질이 치밀어 오르는 것을 참느라 무진 애를 썼다. 뱀장어를 구운 요리가 구수한 냄새를 풍기며 상 가운데에 놓여 있었던 것이다.

'윽, 혹시 저 뱀장어가 바로……!'

나는 그 묘한 광경이 떠올라 도저히 음식을 먹을 수 없었다. 뱀장어 요리는 물론이거니와 밥 한 술, 물 한 모금 마실 수도 없었다.

"왜 식사를 하지 않으시는가? 이 뱀장어구이를 좀 들어보시게. 별미 중의 별미일세."

나는 입맛이 없다는 이유를 대고 그 길로 집밖으로 나왔다. 해변을 따라 식당이 있는 큰마을로 가서 아침을 먹고 다방으로 들어갔다.

다방은 텅 비어 있었다. 미역 공장 여자들이 작업 중이기 때문에 평일의 오전은 늘 그렇게 한가하다고 했다.

나는 온종일 간밤의 묘한 광경을 떨치지 못하고 있었다. 잊으려고 하면 할수록 더욱 또렷하게 뇌리에 박혔다.

점심을 먹은 후부터 나는 술집에 틀어박혀 술을 마셨다. 밑빠진 독처럼 마셔댔다. 마치 적진을 향하여 돌진하는 병사처럼, 전투하듯 치열하게 술을 마셨다.

그날 밤 만취하여 집에 돌아온 나는 정신없이 곯아떨어졌다. 머리가 지근거리고 빨래를 짜듯 창자를 비틀어짜는 것같은 고통에 눈을 떴을 때는 새벽 4시가 지나고 있었다.

눈을 뜨자마자 여인의 얼굴과 그 광경이 또렷이 되살아났다. 문득 여인이 측은하게 여겨졌다. 변태적인 자위로 남

몰래 외로움을 달래야 하는 그 심정을 십분 이해할 수 있
었다. '서른 과부는 넘겨도 마흔 과부는 못 넘긴다'라는 속
담이 괜히 생겨난 말이 아닌 것이다. 남자를 알아 버린, 관
능에 눈을 뜬 여인이 본능적인 욕구를 눌러 참는다는 것이
무엇보다 견디기 힘든 형벌이리라.

노인의 욕심이 여인에게 뼈저리는 외로움을 강요하고
있다는 생각이 들었다. 무르익어 타오르는 여체의 관능을
전혀 만족시켜 줄 수도 없으면서 단지 남편이라는 이유 때
문에 삶의 즐거움의 하나를 억압하고 있는 것이었다.

사람은 불행한 사람을 보면 측은시하는 마음을 가져야
한다. 어떻게 못나고, 어떻게 추하고, 어떤 잘못을 했더라
도 사람의 천연(天然)한 정으로 욕하고 손가락질하기에 앞서
측은지심을 가져야 한다. 그래야 도와줄 마음이 생기게 되
고, 또 사랑도 꽃피게 되는 것이다.

나는 여인의 비애를 생각하다가 밖으로 나왔다. 멀리서
파도 소리가 아련히 들려오고 있었다. 살금살금 어제의 그
방문 앞으로 걸음을 옮겼다.

방안의 불은 커져 있었다. 나는 문틈에 귀를 딱 붙이고 숨
을 멈췄다. 희미하고도 가느다란 숨결이 감지되었다. 그 순
간 내 가슴에 방망이질이 시작되었다. 마치 심장을 떨어지
게 하려고 쳐대는 것처럼 요란한 방망이질이었다.

나는 조심스럽게 차가운 문고리를 잡고 더욱 조심스럽게
잡아당겼다. 작은 소리에도 조심하느라고 몇 번이나 시도를
해야 했다. 마침내 문이 열렸다.

방안으로 들어간 나는 한참 동안을 숨 죽이고 서 있었다. 눈이 어둠에 익숙해지자 이불을 푹 덮고 잠들어 있는 여인의 윤곽을 더듬을 수 있었다.

나는 마치 오리 서리를 하는 사람처럼, 요 밑에 손을 넣어 따뜻하게 한 다음에 살며시 이불을 들추고 여인의 곁에 누웠다. 그 순간 노인의 형형한 눈빛이 불쑥 떠올라 일말의 죄책감이 일었다.

아니다. 죄될 것 없다. 외로운 여인의 사무치는 외로움을 달래주는 것은 큰 죄가 아니다. 나는 가슴 밑바닥에서 들끓는 죄책감을 누르면서 살며시 여인을 안았다. 뜨거운 여인의 체온이 전해졌다. 살며시 여인의 어깨를 둘렀던 손에 조금씩조금씩 힘을 가했다. 여인의 가슴이 내 가슴에 바짝 닿았을 때도 그녀는 세상 모르고 잠들어 있었다.

이렇게 둔감하단 말인가. 아니면 잠든 척하고 있는 걸까? 나는 좀더 용기를 내어 여인의 젖가슴을 더듬었다. 그래도 여인은 조금 몸을 뒤틀 뿐 잠에서 깨어나질 않았다.

그렇다면……. 더욱더 용기를 내어 허리 밑으로 살며시 손을 찔러넣었다. 보드라운 숲지대의 감촉을 막 느낄 무렵 갑자기 여인의 손이 내 손을 저지했다.

"왜 이러십니까? 점잖으신 분께서……."

여인은 나직한 목소리로 질책했다. 나는 몹시 민망하고도 당황했지만, 애써 그런 마음을 숨기며 속삭였다.

"거부하지 마십시오."

"안됩니다."

"안될 것은 없습니다. 그리고 당신은 끝내 거부하지 못할 겁니다."

"······거부하지 못한다구요?"

"그렇습니다."

"왜요?"

"왜냐하면 제가 간절히 원하기 때문입니다."

"그래도 안······."

나는 여인이 더이상 말을 못하도록 입술로 입을 막아 버렸다. 그리고 손으로는 강약을 조절하며 여자의 급소를 무차별 공격했다.

이윽고 여인은 몸을 비틀기 시작했다. 나는 그 기회를 놓치지 않고 펑거서비스를 했다. 그곳은 그야말로 습지대였다. 숫처녀의 툰드라지대와는 확실히 달랐다.

"자, 잠깐만요······!"

여인은 거친 숨결을 토해내며 재빨리 나를 밀치고 일어나 방문을 걸어 잠궜다.

혹독한 가뭄에 바싹바싹 타들어 가는 대지가 어찌 단비를 마다하랴! 외로움에 지친 꽃이 홀연히 찾아든 힘찬 벌을 어찌 냉정히 박대할 수 있겠는가! 급할 것은 없었다. 서두르면 안된다. 천천히, 은밀하게, 부드럽게, 그리고 달콤하게······.

나는 시간을 갖고 충분하게 여인의 몸 곳곳을 정성스럽게 애무해 주었다.

"이젠 제발······."

여인은 울먹이는 목소리로 나를 재촉했다. 나의 인내력도 한계가 있었기 때문에 막 본 게임에 들어가려고 했다. 그런데 바로 그 순간이었다. 누군가 문고리를 세차게 잡아당기며 소리치는 것이었다.

"어매야! 어매야! 문 열어라!"

백치 처녀 순임이의 목소리였다.

"어휴, 저년이……."

여인은 한숨과 함께 안타까운 목소리로 중얼거리며 두 팔로 나의 허리를 힘차게 끌어당기는 것이었다.

"어, 어서요. 빨, 빨리……!"

여인의 타는 듯한 안타까움과는 달리 나는 그 소란에 행여 안방의 노인이 깰까 두려워 안절부절못했다. 여인의 두 팔은 나의 등허리에서 깍지를 꼭 끼고 무섭게 끌어당겼지만, 나는 팔에 힘을 주고 한사코 버텼다.

"왜, 왜 이래요? 어, 어서 해요, 어서……. 제, 제발!"

여인은 미칠 지경인데 순임이는 계속 문고리를 잡아당기며 소리쳤다.

"어매야, 문 열어라! 나 감 하나만 주그라."

"도저히 안되겠소. 다음을……, 다음을 기약합시다."

나는 여인의 손을 가까스로 뿌리치고 부리나케 옷을 입었다. 그러자 여인은 마치 잔뜩 눌려 있던 용수철이 튕기듯이 방문을 열고 밖으로 뛰어나갔다.

"이 등신 같은 년!"

날카롭게 모가 선 여인의 고함과 동시에 순임이의 외침이 터졌다.

"×할, 왜 때려! 감이 먹고 싶다는데……."

"이 병신이 꼭두 새벽부터 지랄 발광을 떨고그래? 차라리 죽어라 이년아!"

퍽퍽 쥐어박는 소리가 들렸다. 나는 괜시리 백치 처녀 순임이에게 미안했다. 결정적인 순간이 무위로 돌아간 분풀이를 애꿎은 순임이에게 해대고 있기 때문이었다.

그 틈을 타서 나는 재빨리 내 방으로 돌아왔다. 자리에 누워 뻑뻑 담배를 피우며 놀란 가슴을 진정시켰다. 생각할수록 안타깝기만 했다. 애무를 조금만 빨리 끝냈더라면…….

아침에 순임이의 얼굴을 보니 눈두덩이가 푸르뎅뎅하게 멍이 들어있었고, 코밑에 핏자국이 있었다. 그리고 윗입술이 벌에 쏘인 것처럼 부풀어 있었다.

미안하다, 순임아. 나는 마음속으로 사죄를 하며 안방으로 들어갔다.

"자, 한잔 받으시게."

노인은 아침부터 해장술을 권했다. 형형한 노인의 눈빛은 이날 따라 더욱 형형하게 빛을 발하고 있었다. 나는 찔리는 구석이 있으므로 간이 졸아드는 기분을 느끼며 술을 받았다.

"소설가 선생, 그래 글은 많이 쓰셨소?"

"네, 쉬엄쉬엄 쓰고 있습니다."

"내 집에 있기가 불편하지요?"

"아, 아닙니다."

"이보시오, 소설가 선생!"

노인은 엄숙하면서 나직한 소리로 나를 부른 다음 빤히 얼굴을 쏘아봤다. 그러다가 술잔에 살짝 입을 대었다가 떼며 말을 이었다.

"미안하지만……, 이 섬을 떠나 주시게."

"예?"

내가 놀란 눈을 크게 뜨자 노인은 계속 낮은 톤으로 말했다.

"늙은이가 주책이라고 생각할는지 모르시겠지만 나는 소설가 선생인 내 집에 온 후로 도통 잠을 이루지 못하고 있소. 왠지 아시겠소?"

"……."

나도 모르게 얼굴이 화끈 달아올랐다. 노인은 봉창을 통하여 밤마다 잠을 자지 않고 밖을 감시하고 있었다는 얘기였다.

유구무언, 입이 하마만큼 크더라도 변명의 여지가 없었다. 그래서 나는 말없이 배낭을 챙겨 그 집 대문을 나와야 했다. 그 외롭고 가련한 여인에게 떠난다는 인사도 못하고.

"아저씨야, 어디 가나?"

순임이가 선창까지 나를 따라오며 이것저것을 귀찮게 물었다. 나는 건성으로 순임이의 말을 받아주며 곰곰이 나의 행위를 생각했다.

나에게 죄가 있다면 그날 밤 우연히 뱀장어와 여인을 본 죄밖에 없다. 정말 그것을 본 죄밖에 없었다.

배를 기다리는 동안 나는 몹시 우울한 마음으로 쓰디쓴
소주를 마셨다. 선창가에 권총찬이 정신없이 뛰어다니며 거
대한 연장에 바람을 쐬고 일광욕을 시키고 있었다.

2
여자는 훨훨 날아가는 새인가

정말 난처했던 순간

웃음은 보약보다 좋다.
— 《동의보감》 —

어느 날 아침, 내가 출근을 하려고 구두를 신을 때 아내가 옆에서 부탁을 했다.

"여보, 장마철이 다가오니까 퇴근길에 우산을 사 오세요. 당신 것과 내 것, 그리고 아이들 것 두 개와 어머님 것 하나요."

"알았소. 도합 다섯 개가 되겠구료."

나는 우산 사는 일을 기억하려고 노력했다. 만약 우산 사는 것을 깜빡 잊고 귀가했다가는 아내의 잔소리를 피할 수 없기 때문이었다.

"우산 다섯 개, 우산 다섯 개……."

나는 이렇게 중얼거리며 좌석 버스를 탔다. 예쁜 아가씨의 옆자리에 앉은 나는 계속 우산만을 골똘히 생각했다. 그러다가 버스를 내릴 때 그만 엉겁결에 옆자리 아가씨의 우산을 집어 들고 말았다.

"어머머, 아저씨! 왜 남의 우산을 가져가세요?"

아가씨의 주의를 받고서야 나는 큰 실수를 했음을 깨달았다. 얼굴이 화들짝 달아올랐다.

"미, 미안합니다. 제가 엉겁결에 그만……."

나는 사과를 하고는 급히 버스에서 내렸다.

그날 저녁, 나는 아내의 부탁을 잊지 않고 우산 다섯 개를 사들고 버스를 탔다. 그런데 공교롭게도 아침의 그 아가씨와 같이 타게 되었다.

그 아가씨는 나의 얼굴과 손에 들고 있는 우산을 몇 번이고 번갈아 보았다. 그러다가 아주 놀란 표정을 지으며 나에게 속삭였다.

"아저씨, 오늘은 수입이 참 좋으시군요!"

여자는 훨훨 날아가는 새인가!

이방인과의 하룻밤 사랑에 남편을 버린 여자,
누가 그녀에게 돌을 던질 수 있는가

남자는 사랑을 사랑하는 데서 시작하여
여자를 사랑하는 것으로 끝난다.
여자는 남자를 사랑하는 데서부터 시작하여
사랑을 사랑하는 것으로 끝난다.
—구르몽—

나는 그해 여름도 내가 잘 가는 피서지에서 여름을 보내려고 마지막 열차에 몸을 실었다.

기차 여행은 어느때고간에 매우 지루하다. 특히 먼길을 가는 밤 기차를 탔을 때는 더욱 그렇다.

내 옆에는 백발의 노신사가 앉았는데, 그 노신사를 붙들고 이런저런 이야기로 꽃을 피우며 시간을 보냈다.

나는 직업상 평소에 재미있는 이야기를 모으고 있었음으로, 우연히 만난 사람들로부터 상당수의 이야기를 모으고 있었다.

그렇기 때문에 나는 맥주를 사서 노신사에게 권하며 그의 이야기를 끌어내려고 노력했다. 사람들은 저마다 가슴에 품은 사연, 슬프고 아름다운……, 그리고 숨기고 싶은 사연이

가슴에 묻어 있다는 것을 알고 있기 때문이었다.

나는 이야깃거리가 풍부하다고 자부하는 사람이다. 한번 말문을 열었다 하면 동서와 고금을 자유 자재로 넘나든다. 교양과 비교양의 언어를 적절히 조절할 줄 알고, 유머도 풍부한 편이다.

모르는 사람의 마음을 열게 하려면 먼저 나를 기술적으로 드러내야 한다. 절대 기교가 필요한 것이다.

자연 나의 화제는 문학과 예술에서부터 시작하여 철학과 종교, 정치와 사회, 그리고 유쾌한 일화에까지 이르렀다.

내 이야기를 듣고 있던 노신사는 훌륭한 체격과 용모를 지니고 있었다.

"어떻습니까? 선생님께서는 무슨 재미있는 이야기라도 없으신지요?"

노신사는 빙그레 웃으며 고개를 갸우뚱거렸다.

"글쎄요? 나는 원래 재미가 없는 사람이라서요……. 재미있는 이야기라면 글쎄올시다.……이런 이야기도 재미가 있을는지……."

노신사는 약간 얼굴을 붉히며 불숙 이런 질문을 했다.

"소설가 선생님께서는 부부 생활에 있어서 성 관계라는 것이 어느 정도의 비중을 가지고 있다고 생각하십니까?"

나는 난데없는 질문에 약간 당황했지만, 대답만 잘하면 정말 흥미로운 이야기를 이끌어낼 것만 같았다.

"사람에 따라서 다르겠지만, 매우 중요하다고 생각합니다. 저 유명한 킨제이 보고서에 의하면 서양 여성들의 이

혼 원인 중에는 성적 불만에서 오는 수가 아주 많다고 합니다. 물론 우리와는 문화와 관습이 틀린 서양의 경우이지만, 우리도 같은 사람인데 큰 차이가 있겠습니까? 일례로 최근 우리 나라에서도 성격 차이로 이혼이 급증하고 있는데, 그 성격 차이라는 것의 많은 부분이 성(性)과 관련이 있는 것이 아니겠습니까?"

나의 말에 노신사는 고개를 끄덕였다.

"이런 이야기도 있습니다. 옛날에 젊은 자매가 있는데, 언니는 부잣집에 출가하였고 동생은 찢어지게 가난한 집으로 출가를 했답니다. 그런데 언니는 풍요 속에서도 불행했고 동생은 빈곤 속에서도 행복했답니다. 언니는 동생이 행복에 겨워 즐겁게 사는 원인을 이해할 수 없었답니다. 그렇게 가난한 생활 속에서 그렇듯 고생을 하면서 무엇이 즐거워 그렇게도 명랑한 것인가를요.

그러던 어느 날 언니는 동생네 집에서 하룻밤을 자다가, 옆방에서 동생네 내외가 정말 열정적으로 동침하는 광경을 보고 행복과 즐거움의 근원이 거기에 있다는 사실을 깨달았다고 합니다. 물론 부부간의 행복의 근원이 성생활에만 있는 것은 아니지만, 부부 생활에 있어서 그것이 중요한 행복의 근원 중의 하나가 아니겠습니까?"

나는 옛날 이야기까지 곁들어 성 생활의 중요성을 말했다. 노신사도 내 말에 공감을 하는지 연신 고개를 끄덕거렸다.

"아주 오래 전의 일입니다만……, 그러니까 일제 때의 일입니다."

노신사는 옛날을 회상하듯 잠시 눈을 감았다.

"내가 일제의 만행을 피하여 만주를 갔을 때 이런 일이 있었습니다."

노신사는 맥주로 입을 축인 후에 이야기를 이어 나갔다.

지금으로부터 오십 여 년 전.

만주 지린성〔吉林省〕에 추만석(秋萬碩)이라는 사업가가 있었다. 나이가 마흔을 갓 넘은, 당시 만주에서는 유명한 사업가였다.

그에게는 박숙현(朴淑賢)이라는 사랑하는 아내가 있었다. 서른셋의 삼삼한 나이의 숙현은 그 이름처럼 성정이 맑고 어질고 정숙한 아내였다. 얼굴도 빼어나게 아름다운데다가 몸매 또한 들어갈 곳은 들어가고 나올 곳은 나와 있는, 소위 팔등신 미인이라 부를 만했다.

그들 부부에게는 불행히도 자식이 없었다. 결혼 생활 십여 년에 자식이 없는 것이 한이기는 했지만, 그러나 재산이 있고 부부의 금실은 원앙처럼 좋았다.

인생은 아무도 알 수 없는 미로 속의 여행이다. 영원할 것처럼 생각하던 행복도 어느 한 순간에 깨어져 버릴 수 있는 것이 인생이다. 반면에 계속되는 불행도 없는 법이다. 그러기에 인생에는 행복과 불행, 기쁨과 슬픔이 뒤죽박죽 복합되어 있는 것이다.

한없이 행복했던 그들 부부에게 불행은 마치 계절처럼 밀어 닥쳤다. 낙엽이 붉게 타는가 싶더니 낙엽이 지고, 낙엽이 지는가 싶으면 겨울 찬바람이 부는 것처럼 시나브로 불행은 그들의 운명을 휘감았다.

어느 날부터인가 추만석의 사업이 갑작스럽게 기울기 시작했다. 그러자 추만석은 백방으로 돈을 구하려 다녔다.

그때 추만석의 집 근처에는 왕평릉(王平陵)이라는 중국인 고리 대금업자가 있었다. 그는 어마어마한 재산을 소유한 거부였지만, 돈에는 피도 눈물도 없는 딱장대였다. 그의 돈을 쓰고서 갚지 못하여 패가(敗家)한 사람은 수두룩했다. 개중에는 아내와 딸을 빚 대신 빼앗긴 사람도 있었다.

박숙현 여사는 고리 대금업자 왕평릉과 한 동네에 사는 관계로 오래 전부터 안면이 있었다. 거리에서 우연히 마주칠 때 왕평릉은 박여사에게 각별한 친절을 보였다. 그러나 박여사는 그저 인사나 할 뿐이지, 그 이상의 관심이 있을 턱이 없었다. 사랑하는 남편이 있는 박여사가 되놈 고리 대금업자에게 냉담한 것은 너무나 당연한 일이었다.

그런데 추만석의 사업이 자꾸만 기울게 되자, 막대한 왕평릉의 돈을 생각해 보지 않을 수 없었다.

"여보, 돈을 구할 길이 망막하구료. 할 수 없소. 집을 저당잡히고 왕평릉의 고리 대금을 써야 하겠오. 그러니 당신이 그를 잘 아니까 얼마나 빌려 줄 수 있는지 좀 알아 보시오."

어느 날 추만석을 궁여지책으로 아내에게 그렇게 말하였다.

"하지만 여보……!"

박숙현 여사는 왕평룽의 고리 대금을 씀으로 해서 패가한 사람들의 이야기를 들었기 때문에 몹시 불안했다. 그러나 사랑하는 남편이 안타까워하는 모습을 보고 끝내 반대할 수만은 없었다.

그들 부부는 다음날 왕평룽을 찾아갔다.

"돈이 얼마나 필요하시오?"

왕평룽은 집문서를 유심히 살핀 후에 물었다.

"만 원 정도가 필요합니다만……. 잘 아시겠지만 만 원은 호가하는 집입니다."

추만석이 애원쪼로 말하자 왕평룽은 고개를 저으면서 냉정하게 말했다.

"오천 원 이상은 줄 수 없습니다."

"뭐라구요? 오천 원 이상은 안된다구요?"

"그렇소."

당시의 만 원은 큰돈이었다. 지금의 돈으로 환산하여 거의 1억에 가까운 금액이었다.

"제발 부탁드립니다. 나는 꼭 만 원은 있어야 사업을 살릴 수가 있습니다. 기한을 어기지 않고 갚을 테니 제, 제발……."

남편이 되놈에게 애걸 복걸하는 것을 곁에서 지켜보는 박숙현 여사는 마음이 언짢고 가슴이 아팠다. 그래서 남편을 거들어 사정을 했다.

"제발 도와주십시오. 제가 이렇게 간절히 부탁드립니다.

도와주신다면 그 은혜는 절대로 잊지 않겠습니다."

박여사가 사정을 하자 왕평릉의 표정이 한결 부드러워졌다.

"음, 부인께서 그토록 부탁을 하시니……, 내가 사정을 봐 드리지 않을 수가 없지만……, 그렇지만 만일 내 돈을 쓰고도 사업에 실패한다면 나는 부족한 원금과 이자를 어디서 받습니까?"

어디까지나 이해타산에 밝은 왕평릉이었다.

"설마 그럴 리가 있겠습니까. 설령 그런 일이 생긴다고 해도 왕 선생의 돈은 꼭 갚겠습니다."

추만석은 왕평릉의 말과 태도에서 약간의 희망이 보였으므로, 거듭거듭 애걸을 했다.

왕평릉은 아무 대꾸도 없이 박숙현 여사의 얼굴을 유심히 바라보며 깊은 생각에 잠겨 있었다. 그러다가 무슨 결심이라도 한 듯이 문득 고개를 힘있게 들면서,

"좋습니다. 그러면 이 대출에 대하여 부인께서도 공동 책임을 지시겠습니까?"

하고 묻는 것이었다.

"물론입니다. 살고 있는 집을 저당잡히고 남편의 사업 자금을 빌리는데 어찌 아내인 제가 책임을 회피하겠습니까?"

박 여사의 이 말에 왕평릉은 고개를 끄덕이면서 각서(覺書)를 쓰도록 했다.

이리하여 추만석 부부는 만 원이란 거금을 빌릴 수 있었다. 이자는 다달이 갚아 주고, 원금은 다섯 달 후에 돌려

준다는 계약이었다.

추만석은 만 원을 손에 쥐고서야 살았다는 안도의 한숨을 내쉴 수 있었다. 박 여사도 덩달아 기뻐하며 회생(回生)의 감격을 감추지 않았다.

그러나 그 기쁨이 절망으로 바뀌는 데에는 많은 시간이 걸리지 않았다. 추만석은 그 돈 만 원으로 사업을 일으키려고 했다가 또 다시 실패를 한 것이었다. 실로 재수가 없을 때는 뒤로 자빠져도 코가 깨진다는 격이었다. 쑹화강[松花江]에서 비단을 사오다가 마적단의 습격을 받아 몽땅 빼앗겨 버린 것이었다.

사태가 이렇게 되니 남는 것은 절망뿐이었다. 이제는 집까지 날아가고 알거지가 되는 수밖에 없었다.

"하늘도 무심하시지……."

추만석은 구들장이 꺼질 듯한 한숨을 쉬며 며칠을 보냈다. 박여사는 앞으로의 닥칠 일을 생각하니 나오는 것은 한숨과 눈물뿐이었다.

"이제는 어떡하나, 어떡하나……!"

그들 부부는 절망과 불안에 몸부림치며 슬퍼하였다.

그러나 죽지 않으려면 무슨 수를 써서라도 다시 재기의 길을 강구해야만 했다. 실패를 만회하려면 다시 사업을 시작해야 했고, 사업을 시작하려면 자금이 있어야 하는데, 두 번씩이나 크게 실패한 추만석에게 선뜻 사업 자금을 대줄 사람은 없었다.

물에 빠지면 지푸라기라도 움켜 쥐게 되는 것이 사람의

마음이다. 추만석 내외는 생각하다 못해, 다시 왕평릉을 찾아갔다.

"죽은 사람 한번 살려 주신다는 셈치고 다시 한번 사정을 봐주십시오."

추만석은 정말 간절히 애원을 했다.

박여사도 왕평릉의 마음을 움직이게 하려고 눈물까지 글썽이며 부탁했다.

"부탁드립니다. 도와주신다면 그 은혜 죽어서라도 잊지 않겠습니다."

왕평릉은 눈을 지그시 감았다가 뜨며 박여사의 가련한 얼굴을 물끄러미 바라보았다. 호수처럼 맑은 두 눈에 눈물이 가득 어려 있는 박여사의 모습은 보는 사람으로 하여금 애련의 정을 느끼게 하고도 남음이 있었다.

왕평릉은 넋나간 사람처럼 박여사의 얼굴을 보고 있다가 조용히 입을 열었다.

"부인의 사정이 참 딱하게 되었군요. 좋습니다, 이번에는 얼마가 필요하십니까?"

천만 뜻밖의 말이었다. 십중팔구 거절을 당할 것이라고 생각했던 추만석 내외는 놀란 표정으로 서로서로 얼굴을 보다가 왕평릉의 얼굴을 보기를 몇 번이나 했다.

잠시 후 정신을 차린 추만석이 떨리는 목소리로 말했다.

"염치없지만……, 이번에도 만 원만 더 빌려 주십시오. 이, 이번에는 절대, 절대로 실수하지 않겠습니다."

추만석은 손을 싹싹 비비며 애걸했다.

"좋소! 이번에도 만 원을 빌려드리겠오. 하지만 조건이
있소."

"조건이라니요?"

추만석이 불안한 표정으로 왕평룽의 눈치를 살폈다. 그러
자 그는 박여사의 얼굴을 그윽한 눈으로 보면서 말했다.

"이번에는 부인에게 빌려주겠다는 것이오. 그러니 부인께
서 부인의 명으로 차용 증서를 써 주십시오."

"네?"

박여사는 갑자기 소름이 쫙 끼쳤다. 왕평룽에게 빚 대신
몸을 제공한 여자들이 많다는 것을 알고 있기 때문이었다.

"그, 그거야 어렵지 않습니다!"

추만석이 냉큼 대답하며 아내의 눈치를 살폈다. 그는 발
등에 불이 떨어진 상태였기 때문에 앞뒤를 가릴 여유가 없
었다. 또한 돈은 사업에 성공하여 갚기만 하면 되는 일이기
도 했다.

박여사는 남편의 눈빛에서 간절한 염원을 읽었다. 어서
왕평룽의 조건을 수락하라는 염원을.

"좋습니다. 제 이름으로 차용을 하겠습니다."

박여사는 치욕스런 감정을 꾹 누르고 그 조건을 수락
했다. 오직 사랑하는 남편의 재기를 위하여. 그 말을 들은
왕평룽은 회심의 미소를 숨기지도 않았다.

담보도 없는 대출이었다. 아니, 박숙현이라는 여자의 이
름을 담보로 딱장대 고리 대금업자로부터 거금 만 원을 빌
린 것이었다. 그 돈을 갚지 못할 때는 어떠한 요구를 해올지

는, 지금까지 박여사를 대하던 왕평릉의 태도로 보아서, 그리 짐작하기 어려운 일은 아니었다.

박여사는 문득 징그러운 뱀이 혀를 널름거리며 자신의 몸을 휘감는 듯한 느낌을 떨칠 수가 없었다. 그러나 그런 일을 있을 수도, 있어서도 안되는 일이었다. 기한 내에 돈을 갚아 버리면 왕평릉이 아무리 음흉한 생각을 품는다고 해도 부질없는 욕심이 될 일이었다.

추만석은 아내를 담보로 하여 만 원을 대출하여 다시 사업을 시작했다.

그러나 이번에도 사업은 뜻대로 되지 않았다. 이자가 자꾸 불어가기 때문에 마음이 초조했고, 부담스런 빚을 하루 빨리 갚아야 한다는 생각 때문에 사업에 무리를 하다 보니 더욱 일은 뒤틀리고 꼬였다.

사람은 궁지에 몰리게 되면 일확천금을 꿈꾸게 되는 경우가 있다. 그 흔한 경우가 복권을 사거나 도박 등을 하는 것이다. 잘만하면 일순간에 큰돈을 손에 넣을 수 있는 것이다.

추만석은 사업이 여의치 않자 일확천금을 노리고 도박에 손대게 되었다. 가뜩이나 운수가 나쁜 판에 도박에 손을 댔으니, 그것이 제대로 들어맞을 턱이 없었다.

그리하여 석 달이 채 못 되어 나중에 빌린 만 원도 털어먹기에 이르렀다. 깨끗이 집을 날리고도 만 원이라는 거액의 빚이 고스란히 그들 부부에게 남게 되는 것이었다.

이제는 완전히 절망이었다. 어느 한 군데 손을 벌릴 곳이 없었다. 울며불며 사정할 만한 사람은 아무도 없었다.

추만석 내외는 고통과 불안감에 시달리며 한숨과 눈물로 세월을 보냈다. 왕평릉의 돈을 갚아야 하는 기한이 촉박해지자 피가 마를 지경이었다.

도망칠 수도 없었다. 왕평릉은 소문난 고리 대금업자답게 은밀하고도 치밀하게 자신에게 돈을 빌려 쓴 사람들을 감시했다. 때문에 그의 손아귀를 빠져나가는 것은 거의 불가능했다.

왕평릉은 변재할 기한이 될 때까지 아무 말도 하지 않았다. 그러나 막상 기한이 지나고부터는 무섭게 빚 독촉을 했다.

빚진 죄인이었다. 추만석 내외는 빚을 진 죄로 왕평릉의 얼굴만 봐도 벌벌 몸을 떨었다. 그러나 빚을 갚을 길이 망막하기만 했다.

어느 날 저녁, 추만석은 왕평릉에게 불려갔다. 왕평릉의 집으로 가는 추만석의 발길은 떨어지지 않았고 마음은 몹시도 두렵고 떨렸다. 생각 같아서는 꼭 혀를 깨물고 죽는 것이 나을 것만 같았다.

"내 돈은 어떻게 됐소? 약속을 지켜야 할 것이 아니오! 이 나쁜 작자야!"

왕평릉은 무섭게 으르렁거렸다. 그 기세에 눌려 추만석은 감히 눈을 마주 치지도 못하고 고개만 떨구고 있었다. 날 잡아 잡수시오, 하는 심정으로.

"이보시오, 추선생……."

이런저런 공갈과 엄포로 한 시간이 지나도록 빚 독촉을

하던 왕평릉이 갑자기 은근한 목소리로 말했다.

"선생께서 내 돈을 갚을 능력이 없다면……, 갚지 않아도 되는 방법이 전혀 없는 것은 아니오."

뜻밖의 그 소리에 추만석의 귀가 번쩍 띄었다.

"네? 빚을 갚지 않아도 될 방법이 있다고 하셨습니까?"

"그렇소!"

"대, 대관절……, 그 방법이란 무엇입니까?"

추만석의 물음에 왕평릉은 담배를 피우며 한참 뜸을 들이다가,

"내가 이런 이야기를 하면 추선생께서 노여워할지 모르겠지만……."

하며 말꼬리를 흐리는 것이었다.

"어서 말씀해 보십시오. 내가 이 마당에 무슨 짓인들 못하겠습니까. 죽는 시늉이라도 내겠습니다."

추만석이 무슨 짓이라도 하겠다는 결심을 보이자, 왕평릉은 침을 꿀떡 삼키며 빠르게 말했다.

"추선생 부인을 내게 하룻밤만 빌려주시오!"

"뭐, 뭐라구요?"

괴상 망측한 그 제안에 추만석은 입을 쩍 벌렸다.

"부인을 딱 하룻밤만 내게 빌려준다면 빚을 깨끗이 탕감해 주겠소. 어떻소?"

"그, 그건 안됩니다! 세상에 어떻게 그런 일을……."

추만석은 고개를 세차게 흔들면서 고함을 치듯 말했다. 세상에 빚을 탕감하기 위하여 아내를 빌려주는 경우가 어디

에 있단 말인가!

"정녕 안되겠소?"

"그렇소!"

추만석이 천부당 만부당한 소리는 하지도 말라는 소리로 대답을 끊자 왕평릉은 얼굴을 험악하게 찡그리며 소리쳤다.

"그렇다면 당장 내 돈을 갚으시오!"

추만석은 눈물이 쏙 빠질 정도로 호되게 빚 독촉을 받고 집으로 돌아왔다. 빚을 탕감할 방법이 있기는 있는데, 그 방법은 차마 인간의 탈을 쓰고는 할 수 없는 방법인 것이기에 마음은 더욱 괴로운 것이었다.

왕평릉의 빚 독촉은 다음날부터 더욱더 혹독해지기 시작했다. 급기야는 불량배를 시켜 폭행을 하기에 이르렀다.

추만석은 왕평릉이 보낸 불량배에게 죽지 않을 만큼 얻어 맞았다. 사랑하는 아내가 보는 앞에서 처참하게 터졌다.

"내일 또 오겠다!"

불량배들은 복날 개 패듯 추만석을 마구 때린 후에 내일 다시 오겠다는 말을 남기고 가 버렸다.

사람을 때린다고 없는 돈이 나올 턱이 없었다. 그래도 왕평릉은 온갖 수단과 방법을 동원하여 추만석 내외를 괴롭혔다. 두 사람의 간장을 바짝바짝 말려 죽일 심산인 모양이었다. 추만석은 얻어맞아 터지고 퉁퉁 부은 얼굴을 어루만지며 슬프게 울었다. 박여사도 남편이 불쌍하여 피눈물을 흘렸다.

'방법이 전혀 없는 것은 아니다!'

추만석은 가련하게 울고 있는 아내를 보면서 문득 그런 생각을 했다.

'미친 개한테 물린 셈치면……. '

추만석은 슬프고도 우울한, 천벌을 받아도 마땅한 생각을 떨칠 수가 없었다.

'한강에 배 지나간 자리라고 생각하면……. '

추만석은 그 지긋지긋한 왕평릉의 빚 독촉에서 정말 벗어나고 싶었다. 눈 딱 감고, 미친 개한테 물린 셈치고 하룻밤 아내를 빌려주고 싶었다. 사람으로서 차마 할 일을 아니지만, 단 하룻밤으로 모든 빚을 청산하고 화목하게 살면 되지 않겠는가! 치욕스럽게 미친 개한테 물린 아내를 더욱 사랑해 주면 되지 않겠는가!

그러나 아내가 그 말을 들어줄지가 문제였다. 또 그 따위 싸가지없는 말을 어떻게 자기의 입으로 할 수 있단 말인가!

다음날도 그 다음날도 불량배들이 추만석을 찾아와 행패를 부렸다. 아무데나 오줌을 함부로 갈기고 상스러운 욕설을 마구했다. 박여사는 파랗게 질려 숫제 눈을 감고 귀를 틀어막고 있어야 했다.

며칠 동안 불량배의 행패에 시달린 추만석은 더이상 견딜 재간이 없었다. 그래서 솔직하게 왕평릉의 요구를 아내에게 말하기에 이르렀다.

"다, 당신……. 미, 미쳤군요! 미치지 않고서야 어, 어떻게……."

박숙현 여사는 그 소리를 듣고 기겁을 했다.

"그 말을 한 놈도 죽일 놈이지만, 어떻게 당신마저 그런 말을……! 실망, 정말 대실망입니다."

박숙현 여사는 남편을 호되게 꾸짖으며 죽일듯이 노려 봤다.

"여, 여보! 오해하지 말구료. 그 똥물에 튀겨 죽일 놈이 그런 말을 했다는 것을 말할 것 뿐이오."

추만석은 몹시 당황하며 자기의 말을 얼버무렸다.

지옥이 따로 없었다. 왕평릉의 빚 독촉을 받으며 사는 나날이 바로 지옥이었다. 마침내 왕평릉은 추만석에게 집을 비우라고 명령했다. 그리고 나머지 원금과 이자를 다 갚을 때까지 자기 소유의 농장에서 일을 하라고 했다.

왕평릉의 농장에서 일을 한다는 것은 곧 종신 노예가 된다는 의미였다. 왜냐하면 두 사람이 한 달 동안 부지런히 일을 한다 하여도 그 임금은 이자에도 못 미치는 금액이기 때문이었다. 평생토록 일하여도 원금은 갚을 수가 없는 일이었다.

"휴우, 우리가 이국 땅에까지 와서 되놈의 노예 신세가 되었구료!"

내일이면 집을 비우고 왕평릉의 농장으로 들어가야만 했다. 이날 밤 추만석은 주먹 같은 눈물을 뚝뚝 흘리며 자신의 처지를 한탄했다.

"여보!"

추만석은 슬피 통곡하다 목멘 소리로 아내를 불렀다.

"우리가 평생 그 되놈의 노예가 되어야 하겠소, 예?"

박숙현 여사는 남편의 마음을 환히 읽고 있었지만, 차마 그 짓은 하고 싶지 않았다.

"여보……! 하룻밤 눈 딱 감고 그놈의 요구를 들어주는 것이……."

추만석은 마지막으로 아내를 설득하기 시작했다.

"사람으로서는 못할 일이지만 일이 이지경에 이르렀으니 어쩌겠소? 당신이 하룻밤의 치욕을 참으면 다시 우리는 행복하게 살 수 있지 않겠소? 이 집도 그놈에게 빼앗기지 않고 말이오. 그리고 그런 일이 있다고 해서 우리에게 무슨 변화가 있겠소? 우리 두 사람이 양해하여 어쩔 수 없이 하는 일인데 말이오."

계속되는 남편의 설득에 박숙현 여사는 구역질이 치미는 것을 이를 악물고 참았다. 저 따위 비열한 사람을 여태까지 남편이라고 믿고 살았단 말인가! 세상에 어느 남자가 자기의 아내를 다른 남자에게 하룻밤 빌려주겠다는 생각을 할 수 있단 말인가.

그녀는 남편을 한없이 경멸하며 입을 딱 다물고만 있었다.

"여보, 하룻밤만 죽었거니 하고 참아 주구료. 당신과 나를 위해서 말이오. 그런 다음 아무 일도 없었던 셈치고 지난 날처럼 행복하게 삽시다, 여보……."

추만석의 설득은 집요했다. 이른 저녁부터 시작된 설득이 다음날 새벽까지 계속되었다.

박숙현 여사는 마음속으로 이를 갈았다. 그렇지만 달리 뾰족한 방법이 없었다. 그 짓은 죽기보다도 싫은 일이었지만, 나 죽었다, 하고 하룻밤 참는 수밖에 없다는 생각을 하기에 이르렀다.

"당신에게 너무너무 실망했어요. 그러나 그것이 당신의 소원이라면, 당신의 소원대로 하겠어요."

박숙현 여사는 경멸이 뚝뚝 떨어지는 눈초리로 남편을 쏘아보며 차갑게 말했다.

정숙한 부인으로서 다른 사나이에게 하룻밤 몸을 제공한다는 행위, 그것은 죽더라도 지울 수 없는 치욕으로 남을 일이었다. 박여사는 숨막히게 닥쳐오는 악몽의 밤을 기다리며 이루 형용할 수 없는 절망 속에 갇혀 있었다.

'치욕스럽게 사느니 차라리 혀를 물고 죽어 버릴까!'

박여사는 이런 생각을 수없이 했지만, 마음이 모질지 못하여 실행에 옮기지는 못했다.

마침내 밤이 되었다.

왕평룽은 빚을 탕감해 준다는 각서를 써 주고 박여사를 자기의 집으로 데려 가면서 말했다.

"추선생! 지금이 정각 여덟 시이니까 내일 아침 이 시간에 정확히 부인을 돌려 보내겠오."

박숙현 여사의 표정은 차갑기가 이루 말할 수 없었다. 냉기가 확확 풍기는 얼굴로 남편의 시선을 처음부터 외면하고 왕평룽의 뒤를 따라갔다.

멀어져 가는 아내의 뒷모습을 바라보는 추만석의 가슴은

수십만 개의 칼로 심장과 간을 도려내는 것만 같았다. 백천 개의 칼날과 창끝으로 한꺼번에 가슴과 머리를 찔러대는 것과 같은 극심한 고통을 느껴야만 했다.

그러나 평생의 행복을 위하여 그 극심한 고통을 이를 악물고 참아내야만 했다. 그러나 그러나, 그 찢어 죽일 되놈이 아내를 능욕하는 상상이 자꾸만 떠올라 미칠 것만 같았다. 그래서 추만석은 그날밤 흡사 전투하는 병사처럼 치열하게 술과 싸움을 해야만 했다.

추만석이 술로 괴로움을 달래고 있을 때 박숙현 여사는 왕평릉의 식탁에 앉아 있었다. 얼굴은 얼음을 깎아 만든 것처럼 오싹한 차가움을 풍기고 있었다. 산해진미를 앞에 놓고도 얼음처럼 굳어 있었다. 그러나 그녀의 마음은 치욕으로 후들후들 떨고 있었고, 그 불안함은 두 눈망울 속에 확연히 드러나 있었다.

"부인, 정말 미안합니다! 나는 오래 전부터 남몰래 부인을 흠모하고 있었습니다. 그러나 이런 방법으로 부인을 차지할 수밖에 없다는 사실에 나도 가슴이 아픕니다. 부인, 미안합니다! 그렇지만 저는 부인을 사랑하고 있었습니다."

왕평릉은 쉴새없이 애정을 고백하며 지극히 상냥하고 정중하게 박여사를 대해 주었다. 결코 서둘거나 난폭하게 다루려고 하지 않았다.

박여사는 왕평릉의 그런 친절이 역겹기 짝이 없었다. 오직 굴욕의 밤을 보낼 생각을 하며 불안에 떨고 있었다. 온갖 진귀한 음식을 보고도 도무지 식욕이 돋지 않았다.

실로 그 만찬은 훌륭한 것이었다. 중국인은 그런 만찬을 소위 만한전석(滿漢全席)이라고 부른다. 이런 음식은 멀리 아프리카, 남미, 오스트레일리아, 중국의 동북지방, 인도네시아 등 세계 각지로부터 모은 재료를 사용하여 만든 음식이었다.

음식 중에는 표범의 태반(胎盤), 낙타 혹의 물, 캥거루의 주머니, 코끼리의 코끝 조림, 곰의 발바닥 등등이 가득했다. 보통 사람으로서는 구경도 하기 힘든 음식이었다.

"부인, 이것을 좀 드십시오. 참으로 귀한 것인데, 중국 동북지방에만 있는 곰의 발바닥입니다. 곰은 겨울잠에 들어가기 전에 동면을 위한 영양분, 즉 음식물의 진액만을 발바닥에 축적해 두었다가 굴 속에서 이 발바닥을 핥아 먹으면서 겨울을 지낸다고 합니다. 바야흐로 봄이 되어 곰이 굴 밖으로 엉금엉금 기어 나올 때 잡으면 이 발바닥은 최고의 상품 가치가 있답니다. 그때의 곰 발바닥에는 최고의 진액덩어리가 있는데, 이것은 장수와 강정에 매우 특효하기 때문이랍니다."

왕평릉은 다정 다감한 목소리로 진귀한 음식을 소개하며 박여사에게 들기를 권하는 것이었다.

박여사는 마지못해 음식을 입에 대었다. 과연 맛있고 진귀한 음식이었다. 그중에서도 코끼리의 코끝 조림과 낙타 혹의 물은 진귀하고도 매혹적인 맛을 느끼게 했다.

왕평릉은 박여사에게 술을 권했다. 그녀는 그 술을 거절하지 않았다. 맨정신으로 굴욕의 밤을 보내는 것보다는 술에 취하여 비몽 사몽간에 지내는 것이 좋겠다는 생각이 들었기 때문이었다.

술은 몹시 향기롭고 달콤했다. 박여사는 그 술을 대여섯 잔이나 마셨다. 그러자 자기도 모르게 얼굴이 화끈거려지고 몸이 뜨거워졌다.

만찬이 끝난 후 왕평릉은 박여사를 침실로 안내했다.

그 침실은 무척 호화로웠다. 방바닥은 온통 붉은 양탄자로 되어 있고, 넓고도 큰 침대 위에 부드럽고도 우아한 호랑이 가죽이 깔려 있었다. 또한 고급스러운 가구가 있어야 할 곳에 보기 좋게 놓여 있었고, 어디선가 야릇한 향내가 풍기고 있었다.

"부인, 저도 사람이니 너무 겁을 먹지는 마십시오. 일이 여기에 이르렀으니 모든 것을 잊고 오늘밤 나를 대하여 주십시오. 나는 부인을 오매 불망 사모해 왔던 사람입니다. 나의 모든 재산을 바쳐서라도 부인을 나의 것으로 만들고 싶었습니다. 아아, 부인! 나는 부인을 정말 사랑합니다."

왕평릉은 박여사를 부드럽게 어루만지며 계속 뜨거운 사모의 정을 고백했다.

그러나 박여사는 흔들리지 않았다. 이를 앙당 물고 왕평릉이 자신을 범하는 치욕스런 순간을 기다렸다. 그러나 그러나, 왕평릉은 서둘지 않았다. 실망하지도 않았다.

"부인, 먼저 목욕을 하십시다."

왕평릉은 욕탕에 물을 남실남실 넘치도록 받은 다음, 박여사에게 함께 목욕하기를 청하였다.

죽기보다 싫은 청이었다. 평생 남편 이외의 남자는 꿈에
도 생각해 본 적이 없는 순결한 영혼의 박여사는 꼭 죽고만
싶었다. 그러나 하룻밤을 맡기기로 약속한 이상 그 청을 거
절할 수는 없었다.

"부인, 사랑하고 있었습니다. 아아, 부인 ! 정말 참을 수
없을 만큼 사랑하고 있었습니다. 부인의 마음에서 우러난
사랑을 받을 수만 있다면 나는 내일 당장 죽어도 좋습니다."

왕평룽은 신파극의 대사와 같은 말을 쉴새없이 읊조리며
정성을 다하여 박여사의 몸을 비누로 깨끗하게 닦아주었다.
머리에서 발바닥에 이르기까지 닦아주는 왕평룽의 손길은
실로 감탄을 자아내게 하고도 남음이 있었다. 세상에서 제
일 소중한 보옥을 다루는 것처럼 조심조심 부드럽게, 경건
한 표정으로 정성을 다했다.

"부인, 내 마음을 다하여 사모했던 부인을 이렇게 대하니
정말 꿈이 아닌가 합니다. 아아, 나는 지금까지 부인을 몹시
도 그리워하고 있었습니다."

세상에 보기 드문 충성스런 노예가 있다고 한들 그토록
주인에게 충성을 다할 수가 있을까, 할 수 있을 정도로 왕평
룽은 지상에 없는 정성을 다 쏟고 있는 것이었다.

그 바람에 박여사의 마음도 어느 정도 풀렸다. 지성이면
감천이라고 했듯이, 왕평룽의 헌신적이고 뜨거운 정성에 박
여사의 얼음장 같은 마음도 약간 흔들리기 시작했다.

왕평룽은 무서운 인내력의 소유자였다. 몸의 한부분이 팽
창할 대로 팽창하여 마치 잔뜩 부푼 풍선처럼 펑 소리를 내

며 터질 것만 같았는데도 참았다. 실로 초인적인 인내력이
었다.

박여사는 결코 목석이 아니었다. 관능에 눈을 뜬 농염한
여체를 소유한 완숙기의 여자였다. 불씨를 던지면 활활 타
오르는 열정과 정열을 가슴속에 간직한 여자였다.

왕평릉은 박여사의 숨겨진 관능을 교묘하게 간지럽혔다.
서두르지도 않고 살며시 살며시 불씨를 던지고 있었다. 귓
덜미에서 목덜미로, 목덜미에서 겨드랑이 숲풀로, 젖가슴
밑둥으로, 배꼽으로, 잘록한 허리 라인을 타고 풍만한 엉덩
이로, 금단의 열매 숲으로, 그리고 허벅지에서 종아리로,
발바닥으로 연신 뜨거운 숨결을 불어넣으며 애무를 했다.
마치 아이가 달콤한 아이스크림을 아끼느라 조금씩 핥듯이,
마치 솜사탕을 혀로 녹이듯이, 그렇게 뜨겁고 부드러운 애
무를 했다. 남편에게서는 아직 한번도 경험해 보지 못했던,
이루 말할 수 없이 짜릿한 애무였다.

"사랑합니다, 부인. 부인을 꿈에도 생시에도 그리워했습
니다. 아아, 나의 사랑이여! 정말 갈망했었답니다."

왕평릉은 계속 애무를 하면서 꿈결같이 소곤거렸다.

'이 남자가 나를 이렇게까지 깊이 사모하고 있었단 말인
가!'

박여사는 조금씩 몸을 뒤틀기 시작했다. 참고 참았던 관
능이 마침내 타오르기 시작했다는 육체 언어였다.

처음에는 왕평릉이 뱉아내는 낯간지러운 말들이 신파극의
대사처럼 들려 귀에 몹시도 거슬렸었다. 구역질이 나오도록

역겨웠다.

그러나 줄기차게 계속되는 그 고백은 마침내 박여사를 세뇌시켰다. 한 남자가 한 여자를 얼마만큼 사랑할 수 있는가를 새삼스럽게 깨닫게 만들었다.

이렇게 박여사의 마음이 흔들리고 있음에도 불구하고 왕평릉은 서두르지 않았다. 가랑비처럼 조용히, 파도처럼 힘차게……, 완급을 조절하면서 박여사의 몸과 마음을 능숙하게 연주했다.

"부인, 내가 만약 부인의 사랑을 받을 수만 있다면……, 아아, 정녕 부인의 마음을 얻을 수가 있다면 얼마나 좋을까요?"

왕평릉의 속삭임은 이제 황홀한 전류가 되어 박여사의 전신에 퍼지고 있었다.

왕평릉도 다시 발끝에서부터 뜨겁게 애무를 하며 안타깝게 꿈틀거리고 있는 박여사의 나신(裸身)을 거슬러 올라갔다.

"아아……!"

박여사가 끝내 기성을 참지 못했다. 이때 멀리서 첫닭이 목청을 뽑고 있었다. 장장 일곱 시간이 지나도록 계속된 기나긴 애무였다. 정말 열렬한 사랑의 고백이었다.

왕평릉은 숨을 헉헉거리며 박여사가 황홀한 노래를 시작했던 부위를 거듭거듭 공략했다. 그러자 박여사는 몸을 바르르르 떨며 울먹거리기 시작했다.

"제, 제발……! 아아, 제발……."

왕평룽은 이마에 흥건한 땀을 손등으로 훔치며 회심의 미소를 지었다.

"아아, 사랑하는 여인이여! 내가 이 순간을 얼마나 애타게 기다렸는지 그대는 아십니까?"

왕평룽은 지치지도 않고 뜨겁게 뜨겁게 나발을 계속 불었다. 분위기가 완전히 무르익었는데도 인내하는 그의 정신력은 실로 혀를 내두르게 했다.

"사랑하는 부인! 내가 부인의 남편이었다면……, 죽는 한이 있더라도 다른 남자에게 빌려주지는 않았을 것입니다. 아아, 부인! 정말 그렇습니다."

이 말은 박여사의 심리 상태를 무척이나 혼란스럽게 만들었다. 남편에 대한 실망을 더욱 크게 만들었고, 급기야는 남편의 얼굴을 떠올리는 것만으로도 진저리를 치게 만들었다. 자신의 아내를 외국인 남자에게 빌려준 비열한 남자가 아니던가!

"부인, 사랑하는 부인! 이 밤이 지나는 것이 안타깝습니다. 새벽을 알리는 닭울음소리가 나를 한없이 슬프게 합니다. 아아, 이토록 안타까운 마음을 날이 새면 어쩌랴……!"

왕평룽은 격정적으로 급소만을 찾아다니고 불을 지르면서 울먹이는 목소리로 속삭였다. 안타까운 사랑에 울고 있는 한 남자의 애잔함이 그대로 박여사의 가슴에 전이되어 절로 애련의 정을 샘솟게 했다. 몸뚱어리가 뜨겁게 달아올라 도저히 참을 수가 없었다.

"그, 그만……! 이제 당신의 마음을 알았습니다!"

박 여사는 달뜬 목소리를 토해내면서 왕평릉의 우람한 몸을 힘차게 얼싸안았다. 무서운 힘이었다. 마침내 참고 참았던 봇물이 터진 것이었다.

바로 그 순간, 왕평릉은 놀랍게도 박여사가 끌어당기는 힘에 저항했다. 마치 엎드려 뻗쳐를 하는 사람처럼 박여사의 양어깨에 두 팔을 얹고 필사적으로 저항하는 것이었다. 그러면서 몹시 비감한 목소리를 쥐어 짜내기 시작했다.

"사랑하는 부인! 내가 진실로 원했던 것은 부인의 몸이 아니었습니다. 오직 부인의 마음을 얻고 싶었습니다. 사랑하는 부인의 마음을 얻지 못한 채 몸을 얻는다면 무슨 의미가 있겠습니까? 사랑하는 부인! 나는 내 생명과 재산을 몽땅 바쳐서라도 부인의 마음에서 우러난 사랑을 얻고 싶었습니다."

왕평릉은 이렇게 말한 후에 도저히 참을 수 없다는 사람처럼 박여사의 귓덜미와 목덜미와 입술에 뜨겁게 입맞춤을 했다. 그러나 그는 또 참았다. 눈을 부릅뜨고 참으면서 계속 고통스런 고백을 했다.

"사랑하는 부인! 나는 부인을 진정으로 사랑하는 까닭에 ……, 차마 부인의 몸을 더럽힐 수가 없습니다. 미칠 듯한 욕망을 접고, 눈물을 머금고 부인을 고이 남편 곁으로 보내드리겠습니다. 그리고 나에게 진 빚도 없었던 것으로 하겠습니다. 사랑하는 부인! 내가 정녕 싫다면, 나를 마음으로 사랑하실 수 없으시다면 주저하지 말고 집으로 가십시오."

왕평룽은 이렇게 말한 후에 뜨거운 눈물을 뚝뚝 떨구었다. 그 눈물은 박여사의 발그스름한 뺨에 떨어졌다.

박숙현 여사로서는 최후의 순간에 구원의 길이 열린 셈이었다. 만약 몸과 마음이 긴장되어 있을 때 그 말을 들었더라면, 그 말을 듣기가 무섭게 왕평룽을 밀치고 남편이 기다리는 집으로 돌아갔을 것이다.

그러나 왕평룽의 진실한 사랑에 감복한 박여사는 그를 실망시킬 수는 없었다. 추만석이란 이름의 비열한 사나이와는 비교할 수도 없는 왕평룽이 아닌가. 사랑을 위하여 하나밖에 없는 목숨도, 귀중한 재산도 헌신짝처럼 버릴 수 있는 진짜 사나이가 아닌가. 그리고 그리고, 여자를 참으로 소중히 여길 줄 아는 사나이가 아닌가.

박숙현 여사는 눈을 지그시 감으며 더욱 힘차게 왕평룽을 끌어당겼다. 왕평룽은 그윽한 눈으로 박여사를 내려다보았다. 지난밤 얼음장처럼 차갑던 박여사의 얼굴에 곱고도 농염한 화색이 감돌고 있었다.

왕평룽은 입가에 회심의 미소를 띠며,

"오오, 나의 사랑스런 여인이여!"

하며 중얼거리더니 전신에 뜨거운 키스와 애무를 퍼붓기 시작했다.

박여사는 정신이 오락가락했다. 뼈마디가 녹아나는 것처럼 황홀했다. 그 황홀함을 참을 길이 없어서 몸을 뒤틀면서 기괴한 신음을 연신 토해냈다. 이제는 남편이고 빚이고간에 문제가 아니었다. 체면도 정조도 염두에 둘 겨를이 없었다.

외간 남자에게 몸을 더럽히게 된다는 사실은 벌써 물건너
간 중과도 같았다. 다만 여자 나이 서른셋, 삼삼한 나이의
완숙한 육체에서 솟구쳐 오르는 욕정의 불길을 끄지 않고서
는 미칠 것만 같았다.

박여사는 안타깝게 몸부림 치면서 왕평릉을 재촉했다.

"다, 당신을 사랑해요.……당신께 나를 맡기겠어요. 그러
니 어, 어서……."

박여사의 입에서는 신음성과도 같은 사랑의 맹세가 저절
로 울려나왔다.

왕평릉은 박여사의 입에서 그 소리가 저절로 나오게 하려
고 그 긴 시간을 인내했는지도 모른다. 살인적인 인내력은
드디어 박여사의 몸과 마음을 흐물흐물 거리도록 녹여 버린
것이었다.

그제서야 왕평릉은 박여사를 소유했다. 무서운 힘으로,
기막힌 테크닉으로 박여사를 울부짖게 만들었다.

마침내 날이 환히 밝았다. 이제 박여사는 밤새도록 혹심
한 고통에 가슴을 찢으며 자기를 기다리고 있을 남편에게
돌아 갈 시간이었다.

"부인, 아쉽게도 날이 밝았군요. 이젠 약속대로 집으로
돌아갈 시간입니다."

왕평릉이 떨떠름한 목소리로 말했다. 그러자 박여사는 왕
평릉의 넓은 가슴으로 파고 들면서 세차게 고개를 흔들
었다.

"싫어요! 제 마누라를 돈 때문에 다른 남자에게 넘기는

비열한 사람에게 돌아가기 싫어요. 이제 나는 당신을 사랑해요. 당신의 여자란 말예요. 그리고 나는 당신으로 인하여 참다운 인생의 낙을 비로소 깨닫게 되었어요."

"참다운 인생의 낙?"

왕평룽은 빤히 아는 사실을 짓궂게 물은 다음 박여사를 꼭 껴안아 주었다.

누구보다 정숙했던 박숙현 여사는 남편 이외의 남자를 까마득히 몰랐었다. 어떤 남자가 여자를 행복하게 만드는지, 살아 있다는 사실을 기쁨으로 충만하게 하는지를 비교할 기회가 없었다.

그런데 왕평룽과 같은 남자를 만나 뜨거운 하룻밤을 보내고나니 남편이 그렇게 시시하게 보일 수가 없었다. 그렇게 하찮고 비열한 남자에게 얽매이어 살아왔던 10년 세월이 억울하게 생각될 정도였다.

추만석은 왕평룽에게 아내를 빼앗기고 술로 세월을 보내다가 폐인이 되었다. 변심한 아내의 마음을 되돌리려고 온갖 노력을 다했지만, 박숙현 여사는 추만석을 징그러운 버러지 보듯 했다고 한다.

"어떻습니까? 별로 재미있는 이야기는 아니지요?"

노신사는 이야기를 마치고 입가에 씁쓸한 미소를 지었다.

"아닙니다, 무척 흥미로운 이야기였습니다. 그런데 그 이야기가 논픽션입니까?"

내가 묻자 노신사는 고개를 몇 번이나 끄떡였다.

"그렇습니다. 조금도 꾸밈이 없는 사실입니다."

노신사는 목이 타는 것처럼 캔맥주를 꿀꺽꿀꺽 마셨다. 그런 다음 다시 말을 이었다.

"한강에 배가 지나간 흔적은 없지만, 여자에게 남자가 거처간 흔적은 어떤 형태로든 남는 법이지요."

"네??"

나는 노신사의 말이 아리송하여 다음 말을 기다렸다.

"소설가 선생, 여자들의 정조가 왜 중요한 것인가를 아직도 모르시겠습니까?"

"그, 그렇습니다만……."

"맛없는 음식만을 먹고 살던 사람이 어쩌다 기막힌 음식을 먹었다고 생각해 보십시오. 재미없는 영화만을 보아왔던 사람이 우연히 좋은 영화를 보았다고 생각해 보십시오. 도라지만 캐던 심마니가 운이 좋아 산삼을 캤다고 생각해 보십시오. 그러면 그 사람은 그 맛을, 그 재미를, 그 짜릿한 희열을 잊을 수 있겠습니까?"

"그거야, 잊을 수는 없겠지요."

노신사는 몹시 우울한 눈빛을 내게 보내며 맥주 캔을 가만히 흔들었다. 이야기를 하는 동안 우리 두 사람은 꽤나 많은 맥주를 마시고 있었다.

내가 마지막 캔을 따서 건네자 노신사는 그것을 받아 한 모금 마신 후에 씁쓸히 말했다.

"인간의 성도 마찬가지입니다. 여자들이 성의 쾌미를 안다는 것은 남자들로서는 심히 두려운 일입니다."

"아, 그렇겠습니다. 여자들이 알아서 좋을리 없겠습니다."

나는 그제서야 노신사의 말을 이해할 수 있었다. 사실 남자들은 바람을 피우더라도 가정을 버리는 경우는 드물다. 그러나 여자는 다르다. 한번 다를 남자를 알게 되면, 그 맛(?)을 언제까지나 잊지 못하게 되어 있는 것이다.

노신사는 도중의 역에서 내려야 한다고 말했다. 열차에서 내리기 전에 나에게 악수를 청했다.

"잘 가시오, 소설가 선생."

"덕분에 재미있는 시간을 보냈습니다."

나는 아쉬운 마음으로 작별의 인사를 했다.

"소설가 선생……!"

노신사는 열차의 통로를 몇 걸음 걷다가 문득 고개를 돌리면서 나를 불렀다.

"왜 그러십니까?"

"내가 바로 추만석이란 사람이오."

"네……?"

노신사는 자신의 이름을 밝힌 다음 홱 고개를 돌려 빠르게 객실 밖으로 빠져 나갔다.

이윽고 기적이 울리며 열차가 출발하기 시작했다.

여자들이 알면 큰일이다

비교는 친구를 적으로 만든다.
ㅡ 필레몬 ㅡ

양물(陽物)이 작은 남성들은 남모르게 고민한다. 공중 목욕탕에 가기를 꺼린다. 크고 굵은 다른 남성들과 비교하면 자신의 그것이 너무나 초라하게 느껴지기 때문이다.

어느 정신과 의사는 양물이 작거나 조루(早漏)하는 남성 중에 의처증 증세를 보이는 경우가 많다고 말했다. 자기의 남성과 성에 자신이 없기 때문에 아내를 의심하게 된다는 이야기이다.

다음은 양물이 작은 남성의 슬픔을 그린 해학이다.

옛날 어느 재상의 그것이 무척이나 작았다. 예닐곱 살짜리 어린아이의 그것과 비슷했다.

재상의 아내는 다른 남자의 양물을 본 적이 없었다. 때문에 사내들의 양물이 모두 그처럼 작은 것으로만 알았다.

'좀 굵고 컸으면 좋을 텐데……!'

재상의 아내는 아쉬움을 느끼면서도 스스로를 위안했다. 모든 사내들의 양물 크기가 엇비슷할 것이므로.

그러던 어느 날, 재상의 아내는 외출을 했다가 우연히, 꼭 누구처럼 거대한 남성의 물건을 보았다.

어느 포졸이 구석진 장소에서 남몰래 소변을 보고 있는 것을 목격한 것이다.

'어머나, 어머나! 세상에 저런 물건도 있었단 말인가!!'

재상의 아내는 절로 벌어진 입을 좀처럼 다물 수가 없었다. 자꾸만 그 물건이 눈앞에 아른거리며 남편의 그것과 비교가 되는 것이었다.

그날 밤 재상 부부는 운우지정을 나눴다. 아내의 입장에서 보면 싱겁기 그지없는 행위였다. 항상 옥문을 간지럽히는 듯 하다가 문전만을 더럽히고 끝내는 안타까운 방사였다.

"영감, 오늘 실로 가소로운 일을 보았습니다."

아내는 포졸의 거대한 양물을 떠올리며 부러운 마음에서 넌지시 말했다.

"가소로운 일? 대체 무슨 일을 보았나요?"

"아녀자의 입으로 말을 하기에는 어려운 일입니다."

"아녀자가 말하기에 어려운 일? 그게 뭘까? 그러니까 더욱 궁금하구료."

재상은 알고 싶어 자꾸 채근한다. 아내는 마지 못하여 작은 소리로 말한다.

"오늘 어느 포졸의 그것을 보았는데, 정말 대단합디다. 당신 것의 한 열 배쯤……."

아내는 수줍게 그 말을 꺼내며 매우 부럽다는 표정을 숨기지 않았다.

'이크, 다른 사내의 양물을 보았구나. 이를 어쩌나?'

재상은 가슴이 철렁 내려앉은 것 같았지만 애써 침착을 가장하여 말했다.

"그 포졸의 몸짐이 건장하고 얼굴은 꺼무뎅뎅하면서 우락부락했지요? 그리고 수염은 장비처럼 더부룩하고요."

포졸의 대부분은 그런 모양이었다.

"네, 맞습니다. 당신이 아는 포졸인가요?"

아내의 말에 재상은 묘하게 웃었다.

"ㅎㅎㅎ ㅎㅎㅎㅎ……. 그 놈은 병에 걸린 거예요. 양물이 지나치게 커지는 병에 걸려 여태까지 홀아비로 늙고 있는 불행한 사나이지요. 이 사실은 세상 사람들이 다 알고 있는 일입니다. ㅎㅎㅎ……, 불행한 사나이, 암 불행한 사나이고 말고!"

양물 콤플렉스가 있는 남성들은 아내가 다른 남성의 거대한 것을 알아서 좋을 리 없다. 그래서 각별하게 아내를 감시한다. 여자에게 비교할 기회를 주어서는 큰일이기 때문이다. 한번 관능에 눈을 뜬 여성은 훨훨 새처럼 날아가기 쉽다는 사실을 잘 알기 때문에…….

으악! 눈동자가 터졌구나

연애에 있어서는 고락이 항상 상쟁(相爭)한다.
— P. 시루스 —

어두컴컴한 공원에서 어떤 사내가 여자를 달래고 있었다.

"울지마……, 제발! 내가 책임지면 되잖아."

모르기는 해도 그 사나이가 여자를 어떻게 했던 모양이었다. 나는 호기심 때문에 나무 뒤에 숨어 그들의 대화를 엿듣고 있었다.

"이봐, 그만 울어! 마스카라가 녹아서 뺨이 시커멓게 됐단 말야!"

이 말에 여자는 눈물을 뚝 그쳤다.

"어머, 나는 마스카라를 칠하지 않았단 말이예요."

"으악! 그럼 눈동자가 터졌구나!"

ㅎㅎㅎ……, 나는 배꼽을 잡고 웃음을 참느라고 눈물을 찔끔거려야 했다.

엉뚱한 이야기

아름다운 여자란 남자의 공상을 떠오르게 하며
괴로움을 덮어주는 힘을 가지고 있다.
— 푸슈킨 —

내가 정신을 차리고 바라보니, 주위가 낯설었다. 이상한 곳이었다. 생전 처음으로 와 본 장소였다.

'대체 여기가 어딜까?'

나는 사방을 두리번거렸다. 어마어마하게 크고 넓은 방이었다. 그 방의 한가운데에 내가 우뚝 서 있는 것이 아닌가.

그 방에는 수효를 헤아릴 수 없을 만큼이나 많은 등불들이 활활 타고 있었다. 제각기 다른 접시에 부은 기름에 심지를 담그고 타오르고 있는 것이었다.

그리고 방의 한쪽 구석에는 하얀 수염이 길게 자란, 참으로 위엄있게 보이는 노인이 높다란 의자에 앉아 있었다.

"여기가 어딥니까?"

내가 노인에게 물었다.

"여기는 천국이니라!"

노인이 낭랑한 목소리로 대답했다.

"뭐요? 천국이라구요? 그렇다면 내가 죽었단 말입니까?"

내가 깜짝 놀라 묻자 노인은 고개를 가로 저었다.

"아니다, 아직 죽지는 않았어. 네 수명의 등불은 아직도 켜져 있어. 그 등불이 꺼지지 않는 한 너는 죽을 수 없어."

"그렇다면……, 어느 것이 나의 등불입니까?"

노인이 손가락질을 했다.

"네 눈앞에 있는 것이 바로 너의 등불이고, 그 옆에 있는 것은 네 아내의 등불이야."

나는 노인의 말을 듣고 나와 아내의 등불을 보았다. 아내의 등불은 기세 좋게 활활 타오르고 있었다. 그에 반하여 나의 등불은 까물까물 꺼져 가고 있었다.

'이거 큰일났구나! 이 일을 어떻게 하나…….'

나는 곧 죽는다는 생각에 조바심치며 안절부절 못했다.

바로 이때, 그 노인이 잠시 고개를 저쪽으로 돌렸다.

'찬스다!'

나는 그 틈을 놓치지 않았다. 번개처럼 아내의 접시에 담긴 기름을 손가락으로 찍어 나의 접시에다 한 방울씩 떨어뜨렸다.

한참을 그러고 있는데 갑자기 노인이 고개를 홱 돌려 나를 쏘아보았다. 나는 심장이 얼어붙는 것처럼 놀랐다.

"에그머니나! 왜 이런 이상한 짓을 합니까?"

꿈결처럼 이상한 소리가 들림과 동시에 누군가 나의 몸을 흔들었다. 그 바람에 눈을 뜨니 꿈이었다.

나는 아내와 함께 침대 위에 누워 있었다. 그런데 나의 오른손 집게손가락이 아내의 은밀한 그 곳에 깊숙이 들어간 채 묘하게 움직이고 있다는 것을 깨달았다.

"당신, 오늘은 참 이상하군요?"

아내의 말에 나는 어눌하게 중얼거렸다.

"묘한 꿈을 꾸었어."

"묘한 꿈이라뇨?"

아내가 묻자 나는 대답했다.

"난, 당신의 기름을 훔쳤어!"

"? ? ?"

한 미녀와 두 추녀 이야기
美女　　　醜女

여자들의 정절(貞節)을 믿어서는 안된다,
그런 것에 마음을 쓰지 않는 인간은 행복하다.
— 푸슈킨 —

대체적으로 아름다운 여자를 가까이하려는 남자의 기호는
고금(古今)이 동일하고, 동서(東西)가 일반이다.

언제적인가 나는 에로 문학으로 밥벌이를 했던 J씨로부터
이런 질문을 받았다.

"만일 자네가 한 여자를 선택해야 한다면, 즉 지성적인 추
녀와 백치 미녀 중에서 택일해야 한다면, 어느 쪽을 선택하
겠는가?"

그때 나는 주저하지 않고 지성적인 추녀 쪽을 택했다. 인
간의 격을 외모에 두고 평가한다는 것은 수양과 지성이 부
족하기 때문이라고 강력히 역설했었다.

"ㅎㅎ……, 툭 까놓고 말하게. 정말 미녀 보기를 돌같이
볼 수 있는가?"

　　J씨가 끝까지 추궁하자 나는 끝끝내 버틸 자신이 없었다. 머리가 텅텅 비었을망정 우선 기막힌 미녀 쪽으로 끌리게 되는 것이 보편적인 남자의 상정(常情)이고, 나도 그 범주에서 벗어날 자신은 없다. 속담에도 '보기 좋은 떡이 먹기도 좋다'고 하지 않았던가.

　　오동통이는 보기드문 추녀라는 사실을 앞에서 밝힌 바 있다. 그리고 그녀는 외로운 아가씨였다. 추녀이기 때문에 외로운 것인지, 아니면 외롭기 때문에 추녀가 되었는지는 모르지만, 좌우지간 외로운 여자였다.

　　나는 뜨거운 여인의 키스 마크를 얼굴과 목덜미, 그리고 와이셔츠 곳곳에 찍혀 귀가했던 날 밤에, 정말 지옥에라도 떨어진 것처럼 혼쭐이 났다. 항변을 했었지만 아내는 곧이 듣지 않았다. 억울했다. 한없이——.

　　'다시는 모르는 여자를 만나지 않으리라!'

　　나는 죄인 아닌 죄인이 되었지만, 그럼에도 불구하고 근신하는 마음으로 여자를 멀리하리라고 생각했다. 일부 종사(一婦從事)하는 모범 남편이 되리라고 마음을 먹었다.

　　그렇지만 나는 우울했다. 사랑을 속삭이고 노래했던 아내의 예쁜 입에서 죽자꾸나 하는 험한 소리가 나왔던 것을 생각하면, 도저히 그 입술에 다시는 키스를 못할 것 같았다.

　　그러잖아도 여행 심리가 발동하는 늦가을, 슬픔처럼 뚝뚝 떨어지는 우울한 마음을 지닌 채 답답한 사무실에 갇혀 있으려니 내 자신에 덫에 걸린 짐승처럼 생각되어 견딜 수 없었다.

나는 의자를 빙그르르 돌려 동묘공원을 내려다보았다. 그 때 절구통이 구르듯 공원을 거닐고 있는 한 여자가 보였다. 새벽녘에야 탈고했던 내 작품 속의 주인공이 되었던 여자, 바로 오동통이었다.

"느그덜(너희들)은 결혼할 때 최고로 못생긴 여자하고 하 그라. 쪽(얼굴)이 반반하면 꼭 생긴 값을 했싸서 남자가 피 곤해. 근데 못생긴 여자는 그렇지 않지. 내 남편이 아니었다 면 난 시집도 못 갔을 것이라고 생각하여 잘하게 된다 이 말 이다. 알것냐?"

고등학교 때의 역사 선생이 했던 말이 불현듯 생각났다. 전라도 사투리가 무척 심했던 선생은 그 말 끝에 암행어사 박문수에 얽힌 이야기를 덧붙였다.

박문수(朴文秀)가 급제하기 전 글공부를 할 때의 일이다.

원래 박문수의 집은 사천(泗川)이요, 외가는 물색 좋기로 유명한 진주(晉州)였다. 진주의 외가에는 일찍이 홀로된 외 숙모가 일곱 살 난 어린 아들 하나를 데리고 외롭게 살고 있 었다.

"문수야, 네가 외가에 가서 공부하면서 외사촌의 글공부 를 도와주도록 하여라."

어느해 이른 봄에 난데없이 아버지의 엄명이 떨어졌다. 지난 겨울에 장가를 든 문수가 색시에게 파묻혀 글공부를 멀리하기에 아버지는 부득불 그런 조치를 취했던 것이다.

박문수는 눈물을 머금고, 떨어지지 않는 발길을 힘겹게

떼어 진주로 왔다. 그렇기 때문에 마음은 늘 모란꽃처럼 화
사한 아내의 얼굴을 그리워하고 있었다. 책을 펴놓고 앉았
으면 글은 보이지 않고 아내의 웃는 모습이 아련히 떠올
랐다.

"어휴, 미치겠네."

마음이 산란하고 궁둥이에 좀이 쑤셔서 견딜 수 없게 된
박문수는 책상을 박차고 밖으로 나왔다.

"아아, 무엇이 나를 슬고프게 하는가!"

박문수는 이렇게 한탄하며 하릴없이 배회하다가 선비들이
모여 술상을 벌여 놓고 시흥(詩興)을 돋우고 있는 곳을 지나
게 되었다.

"옳지, 저기에 가서 그동안의 울적했던 회포를 풀자."

한창 주연이 무르익어 있는 그곳에 다달은 박문수는 갑자
기 눈이 커지고 숨이 막혔다. 아찔한 현기증이 일어 몸을 비
틀거렸다.

"아아, 세상에 저토록 아리따운 여자가……!"

박문수의 넋을 홀리게 한 것은 여자였다. 그 주연에 참석
하여 섬섬 옥수로 거문고를 뜯고 있는 일점홍(一點紅)이라는
기생이었다.

일점홍, 그녀는 이슬에 젖은 해당화같이 곱디고운 여자
였다. 백옥같이 하얀 피부에 호수처럼 맑고 고운 두 눈, 앵
두만큼이나 붉은 입술을 가진 뇌살적인 미녀였다.

또한 그녀는 가무에 능수 능란하고, 시 한 수를 멋드러지
게 읊을 수 있는 풍류가 있었다. 그렇기 때문에 남자라면 누

구를 막론하고 한 번 그녀의 요염한 자태에 접하게 되면 반하지 않을 사람이 없었다.

박문수는 술을 한 잔 청한 후 시선을 일점홍에게 고정시키고 낭랑한 목소리로 시 한 수를 읊었다.

진펄의 뽕나무, 아름답고 그 잎새 무성하네
미더운 우리 님 만나뵈니 그 즐거움 이루 말할 수 없네

박문수가 《시경·詩經》 소아(小雅)편에 나오는 〈습상·隰桑〉이라는 시의 초장을 읊자, 놀랍게도 일점홍이 청아한 소리로 다음장을 이었다.

진펄의 뽕나무, 아름답고 그 잎새 부드럽네
미더운 우리 님 만나뵈니 어찌 아니 즐겁겠는가

박문수는 단번에 일점홍과 마음이 통하게 되었다는 것을 짜릿하게 느끼면서 다음을 읊었다.

진펄의 뽕나무, 아름답고 그 잎새 검푸르네
미더운 우리 님 만나뵈니 부드러운 마음씨 변함없다네

일점홍이 종장을 받아 읊었다.

마음속으로 사랑하면 왠지 입밖에 내지 못하네

가슴속에 간직한 이 생각, 어찌 하루인들 잊으리오.

서로 사랑하는 남녀의 심정을 노래한 시를 두 사람이 번
갈아 읊은 것은 예사로운 일이 아니었다. 박문수는 박문수
대로, 일점홍은 일점홍대로 첫눈에 상대에게 반했다는 증거
였다.

한창 끓어오르는 청춘의 정열을 쏟을 곳이 없어서 번회하
던 박문수에게 있어서 일점홍의 출현은, 흡사 사막 한가운
데서 오아시스를 만난 것과도 같았다. 꽃을 찾듯 그렇게 서
로가 서로를 갈구하게 되었다.

휘영청 달이 밝은 어느 날 밤이었다. 외숙모를 졸라서 얼
마간의 용돈을 얻어낸 박문수는 모종의 결심을 하고 일점홍
의 집을 찾아갔다. 주안상을 차려다 놓고 두 사람이 마주앉
아 술과 시를 나누는 사이에 어느덧 밤이 깊었다.

깊은 밤, 난초의 향기가 그윽한 분통 같은 일점홍의 방에
서 피끓는 청춘 남녀는 애써 숨결을 자제하며 촛불처럼 마
음을 태우고 있었다.

"한 잔 더 드시렵니까?"

일점홍의 낮고도 청아한 목소리가 박문수를 더욱 달뜨게
만들었다.

"한 잔 더 주시오."

박문수는 고개를 끄덕이며 말했다. 그런 다음 마른침을
한 번 꿀꺽 삼키고 일점홍의 자태를 물끄러미 바라보았다.

일점홍이 술잔에 술을 그득하게 부어 건네자 박문수는 살

그머니 그녀의 섬섬 옥수를 잡으며 나직히 입을 열었다.

"춘소 일각(一刻) 치천금(直千金)이라 했소. 봄밤의 일각은 천금에 해당된다는 말은 바로 이런 밤을 두고 하는 말이 아니겠소? 달빛 가득한 이 밤에 자네처럼 절세 가인을 만났으니 끓어오르는 춘정을 주체할 길이 없구료. 여보게, 점홍이! 우리 인연을 치천금으로 하여 삼생지연을 맺도록 하는 것이 어떻겠는가?"

이렇게 말한 박문수는 일점홍의 대답을 기다리지도 않고 그녀의 손을 잡아당겼다. 그 바람에 그녀에 손에 있던 술잔이 박문수의 얼굴에 엎지러졌다.

"에그머니나!"

일점홍이 놀라 소리쳤지만 박문수는 개의치 않았다. 얼굴에서 흘러내리는 술을 혀로 낼름 받아 목을 적시며 일점홍의 농염한 육체를 꽉 껴안았다.

"아이,……제발, 이러지 마세요! 난, 난 이런 것 몰라요 ……."

일점홍은 말은 이렇게 했지만 몸은 전혀 저항하지 않았다. 도리어 보드라운 두 팔로 박문수의 목을 끌어안고 연신 가쁜 숨을 내쉬는 것이 아닌가!

'옳지, 됐다!'

박문수는 내심으로 쾌재를 지르며 마치 독수리가 병아리를 덮치듯, 번개처럼 일점홍의 입술을 덮쳤다. 향기로운 과일을 빨듯 입술 공략에 여념이 없던 박문수의 한 손은 열심히 그녀의 저고리 고름을 풀고 있었다.

이윽고 매끄럽고 탄력있는 볼록한 젖가슴이 드러났다. 박
문수는 황홀한 눈으로 젖가슴을 훑다가 떨리는 손을 내밀어
어루만졌다. 손끝에 감촉되는 그녀의 젖가슴은 아이의 손에
잡힌 잠자리 날개처럼 파르르 떨고 있었다.

"아아, 좀더 세게 안아 주세요!"

달콤하고도 황홀한 밤은 너무도 짧게 지나갔다. 밤을 하
얗게 지새우면서까지 사랑을 했지만, 그래도 아쉬움을 남기
는 정염의 밤이었다.

이리하여 맺어진 박문수와 일점홍의 사랑은 세월이 지나
면서 더욱 뜨겁게 달아올랐다.

"서방님, 언제까지나 절 잊으시면 안됩니다."

"그럼, 내가 어찌 너를 잊겠느냐. 두 사람은 만날 때마다
변치 말자 사랑을 맹세했다. 그러는 가운데 세월이 흘러서
기러기 돌아오고 오동잎 떨어지는 가을이 되었다.

"아아, 벌써 가을이구나!"

박문수는 흐르는 물처럼 빠른 세월을 느끼면서 그동안 글
공부에 소홀히 했던 것을 후회했다.

'사랑에 빠져 제 할일을 못하는 남자는 천하에 없는 졸장
부이다. 입신 양명을 한 후에 사랑을 해도 늦지는 않으리
라!'

박문수는 이런 생각을 하고부터 일점홍을 멀리했다. 그러
나 그리움이 사무쳐서 밥맛을 잃을 지경이었다.

'사랑을 억지로 참는다는 것이 이토록 괴로울 줄이야. 그
러나 내일을 위하여 꿋꿋이 참자!'

일점홍이 생각날 때마다 박문수는 앞마당을 거닐며 먼산을 바라보곤 했다. 그러던 어느 날 한 여자가 박문수의 눈에 띄었다. 이웃집 과부 딸이었다.

과부의 딸을 담 너머로 처음 본 박문수는 눈을 찔끔 감고 고개를 돌려 버렸다. 그녀는 남자의 눈을 찔끔 감도록 만드는, 천하에 다시없는 추물이었다.

얼굴은 맷돌처럼 흉하게 얽은 곰보인데다가 입술이 콧구멍 초입(初入)까지 찢어진 완전 언청이었다. 째진 입술 밖으로 누런 뻐드렁니가 삐죽이 나와 있고, 눈은 한쪽이 크고 한쪽은 작은 짝눈이었다.

그뿐만이 아니었다. 한쪽 다리를 절고 한쪽 팔을 곰배팔인 불구였다. 때문에 그 몰골을 보는 사람은 얼굴을 찡그리지 않는 사람이 없고, 외면하지 않을 장사는 없었다. 실로 살인적인 추물이요, 국보급 박색이었다.

스물두 살 때 무식한 백정에게 시집을 갔다고 했다. 그러나 첫날밤을 치르기도 전에 신랑되는 백정은 그녀를 개 패듯 두들겨 패서 친정으로 쫓아 버렸다.

첫날밤에 소박을 맞고 쫓겨난 박색 처녀는 그 후 시집갈 생각도 못하고 청춘을 늙히고 있는 것이었다.

동네 사람들은 그 집을 쌍과부집이라고 불렀다. 그리고 누구 한 사람 따뜻하게 대해 주질 않았다. 어른이고 아이고 할 것 없이 박색 처녀에게 손가락질을 하며 흉을 봤다.

언제인가 그 마을에 떠꺼머리 비렁뱅이 하나가 들어왔다. 이때 짖궂은 마을 청년 하나가 그 비렁뱅이를 놀렸다.

"너도 여자 생각이 날 때가 있어?"

"그럼요."

"ㅎㅎㅎ……. 그렇다면 네놈의 거시기 좀 보자. 연장이 좋다면 내가 여자 하나 붙여 줄게."

"정말요?"

이렇게 하여 비렁뱅이의 양물을 공짜로 구경한 청년은 쌍과부집을 일러주었다. 그런데 박색의 얼굴을 본 비렁뱅이는 기겁을 하고 줄행랑을 쳤다고 한다.

"사람이 아니라 괴물이야, 괴물! 저따위로 생겨 먹었으니까 비렁뱅이도 도망을 치지."

"누가 아니래! 나는 아침에 저 계집을 보면 하루 종일 재수가 나쁘더라구."

"나는 꿈에 보일까 무섭네."

박문수는 직접 그 처녀의 얼굴을 확인하고서야 동네 남자들이 왜 그런 말을 했고, 또 멀리하는 것인가를 알게 되었다. 그러나 마음속으로 측은히 여기는 마음이 생겨 물끄러미 그 처녀를 쳐다보았다.

'아무리 추하게 생겼다고 해도 역시 인간이 아닌가! 인간인 이상 음양 배합의 본능이 없을 수는 없으리라! 추하게 생긴 것도 서러운데, 남녀간의 애정을 모르고 생과부로 일생을 마친다면 얼마나 세상이 원망스러우랴!'

이렇게 생각한 박문수는 무엇인가를 결심하고 눈을 지그시 감았다.

그 이튿날 깊은 밤이었다. 사랑방 쌍창을 열고 밝은 달을 바라보고 있던 박문수는 우연히 뒷간에 다녀오는 그 처녀를 보게 되었다.

'내가 은혜를 내리리라!'

박문수는 헛기침을 하여 박색 처녀의 이목을 집중시킨 다음 가만히 손짓을 하여 불렀다.

처녀는 고개를 갸우뚱하며 다가왔다. 그러자 박문수는 일언반구도 없이 처녀의 북두갈고리 같은 손을 잡아당겼다.

"어머머……."

처녀는 개미만한 소리를 내며 별 저항도 없이 사랑방으로 들어왔다.

무르익은 밤은 벌이 쏘지 않아도 절로 벌어지고, 농익은 홍시는 바람이 불지 않아도 떨어지는 법이라!

꽉찬 서른 살의 여체는 흥분을 하지 않을 도리가 없었다. 마치 칠 년 대한 가뭄에 바싹 타 들어가던 죽순이 단비를 만난 듯, 물고기가 물을 만난 듯, 불에 기름을 부운 것처럼 활활활활 타올랐다.

박문수는 박색 처녀의 몸을 정말 정성스럽게 애무해 주었다. 마치 절세 가인 일점홍을 사랑하는 것처럼 열(熱)과 성(誠)을, 첫날밤 아내를 만족시키듯이 혼신의 힘을 다했다.

이날 밤 박색 처녀는 몇 번이고 몇 번이고 울부짖었다. 그 울부짖음은 고통이 아니라 환희였다. 슬픔이 아니라 황홀의 극치에서 노래하게 되는 그런 음악이었다.

박문수로 인하여 처음으로 삶의 행복을 노래하게 된 처녀는 그 후로도 여러 차례 짜릿짜릿한 사랑을 노래했다.

박색 처녀에게 있어서 그해 겨울은 참으로 따뜻하고도 달콤했었다. 그런 행복을 이루 필설로는 다 형용할 수가 없었다.

그러는 가운데 덧없는 세월은 꿈결같이 흘렀다. 북풍 한설이 몰아치는 겨울이 가고 꽃피고 새우는 봄이 왔다.

"금년 봄에 정시(庭試)를 보인다는 소문이 있소. 그러니 이젠 고향으로 돌아가 행장을 수습한 후에 서울로 가야 하오."

박문수는 일점홍의 손을 잡고 애끓는 작별을 했다.

"서방님, 입신 양명 후에라도 소첩을 잊지는 마십시오."

일점홍도 옷고름으로 눈물을 찍어내며 정든 님과의 작별을 아쉬워했다.

그리고 이날 깊은 밤, 박색 처녀와 남모래 작별의 슬픔을 나눈 박문수는 다음날 사천 본가로 돌아간 후에 행장을 수습하여 서울로 올라갔다.

문과에 급제한 박문수는 사관(史官)·병조 정랑 등의 벼슬을 받아 내직으로 있다가, 4년 만에 영남 어사의 임명을 받고 경상도로 내려오게 되었다.

어사 박문수의 몰골은 거지 중에서도 상거지였다. 해진 옷과 부서진 갓, 땟물이 흐르는 얼굴은 누가 보더라도 불쌍한 거지로 여길 정도였다.

박문수는 경상도의 여러 고을을 두루 돌아다니며 민정을 살피고, 탐관 오리를 적발하여 문책하는 등의 일을 하면서 마지막으로 외가가 있는 진주 땅으로 들어섰다.

'그리운 일점홍은 잘 있는지……!'

진주 땅에 들어선 순간 박문수의 눈에는 일점홍의 모습이 선했다. 그러나 일부러 외갓집과 일점홍의 집을 비켜 놓고 변두리로 돌아다니며 진주 목사의 치적과 백성들의 질고를 조사했다.

"오호, 통재라! 썩은 수령 (守令)의 횡포에 백성들의 신음이 진동하는구나."

해질녘에 남강 물가에 우뚝 솟은 촉석루에 올라 잠시 지친 다리를 쉬던 박문수는 이렇게 탄식했다. 발 밑으로 내려다보이는 검푸른 남강물은 세상의 일을 모르는듯 유유히 흐르고 있었고, 그 위를 물새들이 한가롭게 날고 있었다.

해가 서산으로 모습을 감추자 곧 어둠이 내렸다. 시름에 잠겨 있던 박문수는 천천히 걸음을 옮겨 일점홍의 집으로 향하였다.

"진주 천리라! 한양에서 천리 길이라 하지만, 그 천리 길을 오는데 장장 네 해가 걸렸구나!"

박문수는 이렇게 중얼거리며 대문 밖에서 안을 기웃거렸다. 그러자 늙어빠진 삽살개가 컹컹 짖어댔다.

"누가 왔소?"

개 짖는 소리에 부엌에서 한 노파가 나오더니 박문수를 보았다. 일점홍의 어머니였다. 노파는 박문수의 초라한 모습을 보고 거지로 알았는지, 냉큼 이빠진 사발에 보리밥을 한 술 놓아서 내다 주었다.

"벌써 나를 잊었소? 비록 의복은 남루하지만 나는 빌어

먹는 사람이 아니오."

이 말에 노파는 다시 한번 박문수의 아래위를 훑어보다가,

"에그, 이게 누구요? 사천 박서방이 아닙니까?"
하며 반가움을 감추지 못했다.

"그렇소, 박서방이오. 그동안 평안하시오?"

"잘 있지요. 그나저나 어서 들어오십시오."

박문수는 마루에 올라앉으며 주위를 둘러보았다. 옛모습을 변함이 없건만, 일점홍의 방에는 불이 꺼져 있었다.

"일점홍이 보이지 않으니 웬일이오?"

박문수가 궁금증을 참지 못하고 묻자 노파가 대답했다.

"관아에 잔치가 있어서 들어갔다오. 그러나 잠시만 기다리면 옷을 갈아 입으러 나올 것입니다. 바람이 찬데 방에서 기다리시오."

밝은 불빛 아래서 박문수의 몰골을 본 노파는 측은히 여기는 표정을 지으며 입을 열었다.

"과거를 보러 서울로 떠난 양반이 어쩌다가 그 꼴이 되었단 말입니까?"

"흥흥……. 허구한 날 일점홍의 치마폭에 쌓여 지내다가 과거를 보았으니 잘될 리가 있었겠소. 보기 좋게 낙방을 하고 홧김에 난봉을 부리다가 집에서까지 쫓겨나고 말았소. 그래서 구름따라 바람따라 떠돌아다니다가 지나는 길에 일점홍이 보고 싶어 이렇게 왔소."

노파는 더욱 측은한 표정이 되어 끌끌 혀를 찼다.

"아무튼 잘 왔소. 시장하실 테니 잠시만 기다리시오. 내 곧 저녁상을 봐 오겠소."

노파가 방문을 나섰다. 그런데 곧 대문을 여는 소리와 함께 노파의 음성이 들려왔다.

"애야, 이제 오는구나! 지금 방에 전에 너와 좋게 지내던 사천 박서방이 오셨다. 어서 들어가서 뵈어라."

"뭐라구요? 그게 정말이세요? 사천 박서방님이 오셨다구요?"

무척 반가워하는 일점홍의 목소리를 들은 박문수는 마음이 흐뭇했다.

'음, 나를 오매 불망 기다리고 있었구나. 사랑스러운 것!'

박문수가 이렇게 생각하고 있을 때 일점홍이 방문을 열었다. 두 사람의 시선이 허공에서 마주쳤다. 박문수의 눈은 반가움을 가득 담고 있었고, 일점홍의 눈은 놀라서 휘둥그레졌다.

다음 순간 일점홍의 얼굴이 표독스럽게 변하며 방문을 쾅 닫았다. 그러면서 물어뜯는 것처럼 소리쳤다.

"어매, 미쳤소? 어쩌자고 저따위 거렁뱅이를 방에 불렀소! 꼴도 보기 싫으니 빨랑 내쫓아요!"

"헉!"

방안에서 이 말을 듣고 있던 박문수는 기가 막혀 절로 신음이 터져나왔다. 당장에 쫓아나가 주먹으로 한 대 후려갈기고 싶었다. 그러나 무거운 직책을 생각하고 부글부글 끓어오르는 화를 꾹 눌러 참았다.

"별 거지 같은 놈이 와서 사람 속을 긁고 지랄이야! 어휴, 재수없어!"

일점홍은 이렇게 소리치고 밖으로 나가 버렸다.

잠시 후 노파가 민망한 얼굴로 저녁상을 차려가지고 방으로 들어왔다.

"너무 마음 상해하지 마십시오. 한창 사또의 총애를 받는 중이라 눈에 보이는 것이 없는 모양입니다. 시장하실 텐데 어서 저녁이나 드십시오."

사람 좋은 노파는 딸을 대신하여 박문수의 마음을 위로하려고 애썼다. 계속 술을 권했지만 입맛은 삼천리 밖으로 달아난 후였다.

박문수는 뱃속이 불편하다는 핑계로 급히 일점홍의 집을 나와 외가로 향했다.

'믿을 수 없는 것이 사람이로다! 믿을 수 없는 것이 여자의 마음이로다!'

이렇게 한탄하며 걷고 있는데, 문득 뒤에서 누군가가 소매를 붙들었다.

"어머나, 사천 서방님이 아니십니까?"

박문수가 되돌아보니 외가 옆집에 사는 박색 처녀였다.

"오오, 홍 씨 집 처자로구나. 그래, 그동안 잘 지냈느냐?"

"네, 서방님 덕분에 잘 지냈습니다. 소녀는 무척 서방님을 기다렸사옵니다."

박색, 아니 홍처녀는 작은 소리로 수줍게 말했다.

"내가 사정이 너무 나쁘게 되어서 찾아올 겨를이 없었다."

박문수는 허무한 목소리로 말하고 나서 홍처녀의 거칠은 손을 쓰다듬어 주었다.

"서방님, 어서 집으로 들어가십시오."

"이 꼴로 그래도 되겠느냐?"

"아니, 서방님! 그게 무슨 말씀이십니까? 어서 안으로 드십시오."

박문수가 방으로 들어가자 홍처녀는 너부시 큰절을 했다.

홍처녀의 절을 받은 박문수는 일점홍의 집을 찾아가 했던 말을 그대로 했다.

"서방님께서 무척 심려가 많으셨겠습니다. 그렇지만 앞으로 틀림없이 좋은 일도 있을 것이니 용기를 잃어서는 아니 되옵니다."

홍처녀는 조금도 싫은 내색을 하지 않고, 따스한 말로 박문수의 마음을 위로했다.

"서방님, 옷을 갈아 입으십시오. 서방님이 오시면 드리려고 제가 바느질품을 팔아 장만한 옷입니다."

홍처녀는 저녁을 지어 오겠다며 밖으로 나갔다. 그녀의 어머니는 이태 전에 죽었다고 했다.

박문수는 홍처녀의 마음 씀씀이를 가상하게 여겨 새 옷으로 갈아 입고 저녁상을 기다렸다. 종일 변두리 곳곳을 걸으며 민정을 살폈던 탓에 몹시 시장했다.

꼬꼬댁꼬꼬댁, 닭을 잡는 소리가 들리더니 토닥토닥 도마 소리도 요란했다. 그와 함께 갖가지 구수한 냄새가 집안을 진동하여 군침을 돌게 만들었다.

홍처녀가 저녁상을 가지고 돌아온 것을 본 박문수는 적이 놀랐다. 먹음직스런 음식이 가득한 진수성찬이었다. 어느새 그렇게 많은 음식을 준비했는지, 또 가난한 살림에 무슨 돈 으로 그렇게 귀한 음식을 마련했는지 도무지 모를 일이 었다.

"서방님, 약주 한잔 받으십시오."

홍처녀는 잔에 가득 술을 따랐다. 국화향기가 은은한 술 이었다. 박문수는 한입에 꿀꺽 술을 들이키고 남강(南江)의 명물인 구운 뱀장어를 안주로 먹었다. 술은 향기롭기가 이 루 말할 수 없을 정도였고, 뱀장어 요리는 혀를 살살 녹이는 것 같았다.

"카, 술맛 한번 좋다!"

박문수는 모처럼만에 실컷 술과 음식을 포식했다. 홍처녀 의 음식 솜씨는 훌륭했고, 모두 박문수의 입에 딱딱 맞았다.

"세상에 태어나서 가장 맛있는 저녁을 먹은 것 같구나!"

박문수가 트림을 하며 말하자 홍처녀는 수줍게 말했다.

"서방님께서 맛있게 드셨다니 소녀는 더할 나위 없이 기 쁩니다."

홍처녀는 숭늉을 떠다 놓고 다시 밖으로 나갔다. 잠시 후 뒤꼍에서 우당탕, 우지끈 퍽! 하는 요란한 소리가 들리더 니 홍처녀가 가쁜 숨을 내쉬며 방으로 들어왔다.

"방금 무슨 소리가 나던데……?"

박문수가 어리둥절한 표정으로 말끝을 흐리자 홍처녀가 대답했다.

"별일 아닙니다. 서방님께서 과거를 보러 가신 후로부터 이날까지 소녀는 뒷뜰에 단을 쌓고 정성을 다하여 치성을 드렸습니다. 암행어사나 경상 감사를 하게 해달라고 말입니다. 그런데 서방님을 뵙고 보니 그 일이 허사라 생각되어 화가 나서 부순 것입니다."

홍처녀는 이렇게 말한 후에 옷고름으로 눈물을 찍어냈다. 일순간 박문수의 가슴이 뭉클해 졌다.

'내가 과거에 급제한 것은 홍처녀의 갸륵한 정성으로 이루어진 것이로구나!'

박문수는 몹시 감탄하여 어깨를 들먹이고 있는 홍처녀를 꽉 안아주었다.

'아름다운 장미에는 독한 가시가 있고, 소박한 호박꽃에는 달콤한 화밀(花密)이 있도다. 사람을 사귀는 데 외양만을 놓고 사귀는 사람은 필시 배신의 아픔이 있을 뿐이다. 외양은 세월과 함께 추하게 변하지만 사람의 고운 마음결은 영원한 것이다!'

이날 밤 박문수는 귀중한 보물을 다루는 듯, 경국지색 양귀비와 동침을 하는 듯 홍처녀를 뜨겁게 애무하고 사랑해 주었다.

다음날 아침을 먹은 박문수는 다시 폐포 파립을 하고 고을 구경을 하다가, 정오가 되었을 무렵에 고을 삼문 밖에 이르렀다. 동헌에서는 질탕한 삼현 육각 소리와 계집들의 웃음소리가 들려오고 있었다.

"백성들의 피를 빨아 잘들 노는구나!"

박문수는 허리춤에 감춘 어사 마패를 한 번 쓰다듬고 나서 성큼성큼 삼문을 들어섰다.

"웬놈이냐? 여기가 어딘줄 알고 감히 들어오느냐! 썩 물러가거라!"

박문수의 초라한 꼴을 보고 삼문을 지키고 있던 사령이 창으로 길을 막았다. 그러자 박문수는 눈을 무섭게 부라리며 호령을 했다.

"네 이놈! 나는 오래전부터 사또와 잘 아는 사람이다. 행색이 이렇다고 네깟놈이 양반을 괄시한단 말이냐! 못된 놈 같으니라구!"

사령이 움찔하고 있는 틈을 타서 박문수는 재빨리 안으로 들어가서 대청마루 한 구석에 걸터앉았다. 그러나 한참이 지나도록 술 한 잔 갖다 주는 사람이 없었다.

부아가 치민 박문수는 자리에서 벌떡 일어서며 큰소리를 쳤다.

"여보시오, 진주 목사! 잔치에 손님이 찾아왔으면 술 한 잔 주는 것이 예의가 아니겠소?"

박문수의 초라한 몰골을 확인한 진주 목사는 불그뎅뎅한 얼굴을 더욱 붉히며 고함을 질렀다.

"어떤 말뼈다귀가 와서 소란을 피우느냐! 여봐라, 당장 저놈을 내쫓아라!"

"허어, 말투 한번 고약하오. 나도 명색이 양반인데 어찌 이토록 박대를 한단 말이오! 그러지 말고 술이나 한 잔 주시오."

"고놈, 그 꼴에도 양반이라고 입만 살았구나. 여봐라, 귀찮으니 음식이나 조금 주어 빨리 보내도록 하여라!"

목사의 명령이 떨어지자마자 한 통인이 개다리소반에 탁주 한 병과 콩나물대가리 몇 개를 담은 안주를 갖다 주었다.

'이놈 해도 너무 하는구나. 뒷집 개에게도 이런 대접을 안 하겠다.'

박문수는 속으로 이를 갈았다. 그러나 겉으로는 전혀 내색을 않고 호탕하게 말했다.

"목사, 고맙소! 그런데 기생의 권주가도 없이 무슨 맛으로 술을 마시란 말이오. 목사 옆에 있는 고 깜찍한 기생더러 권주가를 불러주게 해주시오."

박문수는 일점홍을 손가락질하며 ㅎㅎㅎ 웃었다.

"뭐, 뭐가 어쩌고 어째? 일점홍에게 권주가를 부르게 하라구?"

"그렇소, 어려운 일은 아니니까 들어주시오."

"네 이놈, 정말 무례하기가 짝이 없구나! 경을 치기 전에 썩 물러가거라."

"ㅎㅎㅎ, 그게 경을 칠 정도로 죄가 된다 말이오?"

박문수가 이죽거리자 진주 목사는 분기가 탱천하여 느닷없이 술잔을 집어던졌다. 박문수가 살짝 몸을 피하는 바람에 그 술잔은 지나가던 통인의 눈퉁이에 정통으로 맞았다.

"어이쿠, 내 눈퉁이야!"

통인은 얼굴을 얼싸안고 나뒹굴었다. 그 바람에 웅성거리는 소란이 일어나며 잔치의 흥이 깨지고 말았다.

"여봐라! 저놈에게 호된 경을 쳐서 내쫓아라!"

천둥을 치는 듯한 진주 목사의 엄명이 떨어지자 사령들이 우르르 박문수를 잡으러 몰려들었다.

"잡아라!"

"잡아서 경을 치랍신다!"

사령들이 막 박문수의 목덜미를 잡으려는 순간 동헌을 쩌렁쩌렁 울리는 소리가 터졌다.

"암행어사 출두요! 암행어사 출두요!"

청천 벽력이었다. 진주 목사를 비롯하여 잔치에 참석한 각 읍 수령과 귀빈, 기생, 통인, 사령들의 얼굴이 약속이나 한 것처럼 새파랗게 질려 버렸다. 사시나무 떨듯이 쥐구멍 찾기에 혈안이 되었다.

무시무시한 육모방망이가 휘휘 날았다. 어디에선가 바람처럼 들이닥친 수십 명의 역졸들이 휘두르는 육모방망이가 닥치는 대로 골통을 후려갈기는 한편으로 와지끈 뚝딱! 잔칫상을 때려부쉈다.

"어이쿠, 이게 웬 날벼락이냐!"

"으헉! 내 골통이야!"

피비린내 진동하고 비명이 난무하는 수라장 속에 진주 목사를 비롯한 육방 관속, 그리고 잔치에 참석했던 귀빈들이 속속 붙잡혀 꿇어 앉혀 졌다. 모두가 죽을상을 짓고 있었지

만, 그중에서도 진주 목사와 일점홍의 얼굴은 극도의 공포
에 질려 부들부들 떨고 있었다.

동헌 대청마루에 우뚝 앉아 있는 박문수의 위엄은 실로
당당했다. 진주 목사와 육방 관속, 각 읍 수령들을 준엄하게
문책하여 비리를 낱낱이 밝힌 다음 죄질에 따라 엄중히 다
스렸다.

그런 다음에 기생 일점홍을 계하에 꿇리었다. 그녀는 진
주 목사의 총애를 받고 있다는 것을 배경으로 하여 많은 뇌
물을 받아 치부를 하고 있었다.

"네 죄를 네가 알렸다!"

박어사의 호령에 일점홍은 고개를 푹 수그리고 떨리는 목
소리로 입을 열었다.

"죽을 죄를 지었습니다. 그러나 부디 옛정을 생각하여 너
그러운 처분을 내려주시기를 바랄 뿐입니다."

"말을 삼가렷다! 나라의 일을 처리하는데 있어서 어찌
사사로운 정에 얽매인단 말이냐? 너의 죄질은 엄벌을 받아
마땅하다. 하지만 네 어미의 정성이 가긍하여 특별히 엄벌
만은 내리지 않겠다."

박문수는 뇌물로 치부한 일점홍의 재산을 몰수하고, 볼기
서른 대를 벌로 내렸다.

"볼기를 치랍신다!"

"딱!"

"어이쿠! 나 죽어!"

일점홍은 엉엉 울면서 엉덩이가 터지도록 볼기를 맞고 풀

려났다.

그런 다음 홍처녀를 소실로 삼아 사천 본가로 보냈다. 홍
처녀가 어사또의 소실이 되어 화려한 사인교를 타고 동네를
떠나자 일찍이 추물이라고 흉보던 많은 사람들이 부러워하
면서 그녀의 착한 마음씨를 칭찬했다.

나는 '박문수와 홍처녀'에 얽힌 이야기를 생각하면서 오
동통이를 보고 있었다. 늦은 가을, 사람이면 누구나 외로움
을 느끼는 때가 아닌가. 더욱이 짝없는 과년한 처녀의 마음
은 어떻겠는가!

나는 오동통이의 외로움을 달래 주고 싶었다. 박문수가
홍처녀에게 그러했듯이, 나도 오동통이가 측은하게 생각되
어 견딜 수가 없었다.

'내가 오동통이에게 은혜를 베풀리라!'

나는 이처럼 가슴이 뿌듯해 지는 결심을 하고 책상을 정
리한 후에 공원으로 나갔다.

"안녕하세요? 오늘도 나오셨군요?"

내가 가까이 다가가 말을 붙이자 오동통이는 몹시 반가운
얼굴을 하고 헤벌쭉이 웃었다.

나는 다정한 목소리로 여러 가지를 물어 보았다. 이름을
물어 보고, 나이를 물어 보고, 고향을 물어 보고, 취미를 물
어 보았다.

오동통이의 이름을 들었을 때 나는 어떤 숙명적인 그 무
엇을 느꼈다. 그녀의 성은 홍(洪) 씨였고, 이름은 아름다운

미(美)에 향내 향(香)을 쓰고 있었다. 나이는 꽉찬 서른이었고, 취미는 여행이었다.

"이런 날은 여행을 하고 싶군요!"

나는 시를 읊듯이 사색적인 목소리로 말하고 나서 담배를 꺼내 물었다.

"미향 씨는 그렇지 않습니까?"

나는 담배 연기를 길게 내뿜으며 연극 대사를 외우는 사람처럼 다시 말했다.

"그렇군요, 아저씨."

그녀는 고개를 가볍게 끄덕이며 작은 소리로 대답했다.

"우리 가까운 교외라도 다녀 올까요?"

내가 단도 직입적으로 말하자 그녀는 다소 놀라는 표정으로 나를 치켜보았다.

"문득 여행을 하지 않고는 견딜 수 없는 기분이 듭니다. 안되겠다면 거절해도 괜찮습니다."

나는 쓸쓸한 목소리로 말하면서 천천히 비둘기 떼가 모이를 쪼고 있는 사이를 걸었다. 이윽고 그녀가 뒤를 따라 걷는 것이 느껴졌다.

그녀가 운전을 하고 그 곁에 내가 앉았다.

"우리들의 추억을 만들 수 있는 곳으로 갑시다."

"말씀을 아주 재미있게 하시는군요."

그녀의 말에 나는 그저 웃었다.

역시 그녀는 슬프고 외로운 여자였다. 지난해 겨울, 불의의 교통사고로 양친 부모와 하나밖에 없던 동생을 모두 잃었다고 했다. 졸지에 천애 고아가 되어 버린 그녀는 한없는 고통의 나날을 보내고 있었다.

그녀는 무섭도록 자학을 했다. 부모와 동생이 사고로 죽음으로써 그녀에게 남겨 준 것은 막대한 배상금과 보험금이었다. 그 돈으로 아파트를 장만하고 승용차를 구입하여 몰고 다니는 자신이 마치 짐승처럼 느껴진다는 것이었다.

"인간이 어찌 자기의 뜻대로만 살 수 있겠습니까? 모두 운명입니다. 하늘의 뜻입니다."

나는 이런 말로 그녀를 위로하며 핸들을 잡고 있는 그녀의 손등을 살그머니 어루만졌다. 그녀의 손은 이야기 속의 홍처녀처럼 북두갈고리같이 생긴 손은 결코 아니었다. 몸집에 비하여 작으면서도 하얗고, 포동통한 감촉을 전해주는 손이었다. 이런 점으로 보아서 나는 박문수의 경우보다 행복하다 할 수 있었다.

"경치가 참 좋군요. 잠시 내려서 좀 걸읍시다."

양평 부근의 호젓한 산기슭이었다. 외곽 도로라서 차량 통행은 매우 드물었고, 인적은 거의 찾아볼 수가 없었다.

우리는 산계곡을 따라 잠시 올라갔다. 바삭바삭 발길에 부서지는 나뭇잎 소리가 한층 운치를 더해 주고 있었다.

커다란 바위 위에 마른 나뭇잎이 수북이 쌓여 있는 곳이 눈에 띄었다. 그곳에 앉아 무심코 하늘을 우러러 보았다. 짙은 회색빛 하늘에서는 금방 비라도 쏟아질 것만 같았다.

'소주라도 한 병 사왔으면 좋았을텐데…….'

나는 술 생각이 간절했다. 그렇지만 미처 준비를 못 했기 때문에 애꿎은 담배만을 뻑뻑 빨았다가 내뿜으며 아쉬움을 달랬다.

그녀는 무릎을 감싸고 앉아 망연히 먼산을 바라보고만 있었는데, 내 눈에 그런 그녀의 모습이 너무나 애처롭게 보였다. 따스하게 안아주지 않으면 무정한 사람이라고 원망을 들을 것만 같아서 조심스럽게 손을 뻗쳐 그녀의 목을 둘렀다.

"어머……!"

그녀는 깜짝 놀라며 몸을 움츠렸다.

'ㅎㅎㅎ, 그래도 여자라고 빼는군 그래.'

나는 마음속으로 웃으면서 그녀의 목을 두른 손에 더욱 힘을 주어 끌어당겼다.

"이, 이러지 마세요!"

그녀는 저항했다.

'그래, 여자는 세 번 정도는 저항을 해야 하는 거야.'

나는 그녀의 저항을 받아주는 척 잠시 팔은 느추었다가 재빨리 품으로 끌어당겼다. 풍만하게 무르익어 터질 것만 같은 그녀의 몸이 가슴에 가득 찼다.

'키스의 달콤함부터 베풀어 주자.'

나는 뜨거운 입김을 그녀의 목덜미에 연신 내뿜은 다음에 양 손으로 그녀의 뺨을 부드럽게 감쌌다. 그리고 천천히 그녀의 두툼한 입술을 향하여 고개를 숙였다.

"으헉!"

이때 어디선가 괴로움 비명이 터졌다. 그 비명은 내 입에서 터진 것이었다. 내가 막 키스를 하려는 순간 그녀가 박치기로 내 얼굴을 사정없이 받아 버린 것이었다.

아팠다. 엄청나게 아팠다. 눈앞이 깜깜해 지고 별이 번쩍거려 도저히 정신을 차릴 수가 없었다.

얼굴을 감싸쥐고 낙엽 위를 뒹굴고 있는데, 코밑에 뜨겁고 뭔가 비릿하면서도 짭짤한 맛이 느껴졌다. 나는 손가락으로 코밑을 찍어 확인해 보았다. 코피였다. 쌍코피가 터져 줄줄 흐르고 있는 것이었다.

'은혜를 원수로 갚으려 하다니! 용서할 수 없다.'

나는 이를 빠드득 갈며 벌떡 일어섰다. 그런데 그녀는 그곳에 없었다. 내가 얼굴을 감싸고 뒹굴고 있을 때 도망친 것이 분명했다.

나는 재빨리 산길을 뛰어 내려왔다. 달리니까 얼굴이 더욱 욱신거리고 아팠다. 잡히기만 하면 한방 후려갈기겠다고 생각하며 단숨에 도로까지 내려왔다.

내가 도로변에 막 닿았을 무렵에 차 옆에 있던 그녀가 소리쳤다.

"응큼한 아저씨! 오늘 고생 좀 해 보시오!"

그녀는 이 말을 남기고 재빨리 차에 올라타더니 시동을 걸었다.

"기다려!"

나는 천천히 미끄러져 내려가는 그녀의 차를 정신없이 쫓아가며 소리쳤다. 그러나 곧 그녀의 차는 멀리멀리 달아나고 말았다.

외딴 곳에 홀로 버려진 나는 터벅터벅 걸었다. 걷다보니 날은 저물었고, 굵은 빗방울까지 떨어지기 시작했다. 시간이 흐를수록 빗발은 더욱 거세어졌고, 어둠은 지척을 분간할 수 없을 정도였다.

나는 비 맞은 장닭처럼 흠뻑 젖어 몸을 떨면서 다리가 빡빡해질 때까지 걸어야만 했다. 참으로 비참한 저녁이었다.

오 해

이해가 부족한 사람이 오해가 많은 사람보다 낫다.
— 아나톨 프랑스 —

그녀는 겉치레만 보아도 뭣하는 아가씬지 짐작이 갔다. 짙은 화장에 야한 옷차림, 얼굴에는 유혹하는 미소를 가득 띠고 나에게 접근했다.

나는 거나하게 취한 상태였기 때문에, 그녀가 어떤 수작을 붙이나 지켜 봤다.

"선생니임······."

그녀는 묘한 코맹맹이 소리로 말의 끝음절을 길게 끌었다. 그런 소리로 남자를 유혹해야 끌려들기나 하는 것처럼.

"왜요?"

나는 아무것도 모르는 순진한 사람처럼 대답했다.

"분위기 좋은 곳에서 술 한잔 하시지 않으실래요?"

"분위기 좋은 곳?"

"그래요, 제가 모실 게요."

"아가씨가 나를……, 어떻게?"

나는 약간 황홀한 표정을 지음과 동시에 달뜬 소리로 물었다. 그러자 아가씨는 부드럽게 팔짱을 끼며 투정하는 소리를 냈다.

"에이, 다 아시면서."

"다 알다니, 뭘?"

나는 짐짓 어리둥절한 표정을 지으며 눈을 끔벅거렸다.

"1차로 술을 한잔 마시면……, 그 다음은 선생님이 요구하는 대로 해드릴 게요."

아가씨가 내 귀에 입술을 바싹 대고 속삭였다.

"정말?"

"정말이고 말구요. 그러니 어서 가요."

"정말 내가 요구하는 대로 해줄 수 있어?"

"그렇다니까요."

"그렇다면 잘됐군!"

내가 흡족한 목소리로 말하자 그 아가씨는 일이 잘되어 간다는 기쁜 표정으로 나를 끌어당겼다.

"선생님, 아까운 시간 허비하지 말고 어서 가요."

나는 그녀를 따라가기 전에 아가씨의 약속을 다시 확인하고 싶었다.

"정말 술 한잔만 마시면 내 요구를 들어주는 게지?"

아가씨는 그윽한 눈길을 반짝이며 고개를 끄덕였다.

"좋아! 사람 구하기가 마땅지 않는 판에 마침 잘됐어. 우리 집 김장을 좀 해줘요, 마누라가 아프거든."

"뭐, 뭐라구요……?"

아가씨는 별 엉뚱한 사람을 다 봤다는 표정이 되어 급히 팔짱을 풀고 한 발짝 물러섰다.

왜 그랬을까? 왜 그랬는지 나는 지금도 알 수 없다.

3
호색은 인간의 상정

마누라 죽이기

가시에 찔리지 않고서는
장미꽃을 모을 수 없다.
— 필페이 —

　본처(本妻)와 소실(小室)의 관계는 앙숙(怏宿)이다. 서로 못
잡아 먹어서 으르렁거린다. 끊임없이 시기하고 질투한다.
꼬투리만 있으면 머리끄덩이를 잡고 죽자사자 싸우기 때문
에 집안이 조용할 날이 없다. 고로 두 마누라를 한집에 데리
고 사는 남자는 장비처럼 무지막지하든가, 아니면 솔로몬과
같은 지혜를 가지고 있어야 한다.
　여성 독자들의 비난을 각오하고 하는 말이지만, 여자는
타고나기를 무지막지한 완력 앞에서는 꼼짝 못하는 신체와
정신 구조를 가지고 태어났다. 아무리 저 잘났다고 콧대를
세우는 여자도 모진 남자의 손에 한번 걸리기만 하면 끝장
이다.
　완력이 세면서 모질고 독한 사나이는 주먹으로 여자를 다

스린다. '요즘 세상에 누가 맞고 사나!' 하고 코웃음치는 여성 독자도 있겠지만, 그건 모르기에 하는 소리이다. 잠시 주위를 살펴 보라. 무지막지한 완력 앞에 꼼짝 못하고 사는 여자들이 수두룩뻑적하다는 것을 알 수 있을 것이다. 하여 간 모질고 질긴 사나이의 손아귀에서 빠져나가는 것은 힘이 든다. 여자의 힘으로는 역부족이다.

슬기로운 남자도 여자를 꼼짝 못하게 만드는 힘이 있다. 여자의 생리와 심리를 꿰뚫고 상황에 따라 적절한 대응을 하기 때문이다.

완력이나 슬기, 이 두 가지 중에서 한 가지도 지니지 못한 남자가 두 마누라를 데리고 산다는 것은 불행하다. 왜냐하면 그네들의 시기와 질투는 무력한 남자의 심장을 갈갈이 찢고 피를 마르게 하기 때문이다.

경상도 어느 마을에 허우대가 멀쩡한 한 사나이가 있었다. 생긴 값을 하느라고 두 마누라를 한집에 거느리고 살았는데, 집안이 하루도 조용한 날이 없었다. 매일 싸움이었다.

"아아, 내가 어쩌자고 두 마누라를 데리고 살게 되었단 말인가!"

사나이는 본처와 소실의 갈등에 진저리치며 고통의 세월을 보내야 했다. 어느 날도 외출에서 돌아와보니 또 싸움질이라, 집안이 말이 아니었다. 이웃 보기에 부끄러울 뿐 아니라 어느 한쪽을 두둔할 수도 없는 형편이다.

"이것들아! 정녕 네년들이 나를 말려 죽일 작정이구나! 썩 싸움질을 그만 두지 못할까, 앙!"

사나이는 겨우 싸움을 말리고 두 마누라를 한 자리에 불러놓고 조용히 타일렀다.

"너희 두 계집이 밤낮 싸움질이니 부끄러워 어디 살겠느냐? 도대체 왜들 그러는 게냐? 제발 나의 체면을 생각하여 사이좋게 지내도록 해라."

그러나 두 여자의 뿌리 깊은 갈등이 타이른다고 풀릴 일은 아니었다. 본처는 입에 게거품을 물고 소실의 잘못을 낱낱이 말했다. 소실은 소실대로 본처의 허물을 들추었다.

그러다보니 또 머리끄덩이를 잡고 싸우기 시작했다. 이년 저년 어쩌구 하면서 육박전을 벌이고 있는 마누라들의 싸움을 보는 사나이는 정신이 아찔했다. 머리가 절로 흔들어졌다.

'내 이것들을 몽땅······.'

사나이는 두 마누라에게 정신을 못차릴 만큼 몽둥이 찜질을 안기고 싶었다. 쉴새없이 악다구니를 퍼붓고 있는 주둥아리를 깨버리고 싶었다.

그러나 사나이는 그런 생각을 애써 참았다. 완력을 잘못 행사하면 적잖은 약값이 들기 때문이었다.

솔직히 말하여 사나이는 늙은 본처보다는 젊고 아름다운 소실이 더 좋았다. 생각 같아서는 본처만을 흠씬 패주고 싶었다. 그러나 그러면 문제는 더욱 커질 것이었다.

사나이는 생각 끝에 소실의 멱살을 무섭게 잡아 끌면서,

"이년, 소실 주제에 조강지처를 업신여겨! 너 같은 년은 당장 죽어야 해! 오늘은 그냥 두지 않겠다!"

하면서 소실의 방으로 끌고 들어갔다.

'흐흐……, 깨소금 맛이다.'

본처는 남편이 자기의 편이 되어 주는 것을 보고 기분이 몹시 좋았다. 그 얄미운 소실을 복날 개 잡듯이 때려 버릇을 고쳐주기를 바라는 마음 간절했다.

'그런데 어째 이상하다…….'

시간이 한참이나 흘렀는데도 소식이 없자 본처는 이상한 생각이 들었다. 남편의 손에 소실이 정말 죽은 게 아닌가 생각하니 더럭 겁이 났다.

'어디 한번 볼까!'

본처는 살그머니 문틈으로 소실의 방안을 엿보았다. 그런데 죽인다는 게 뭔가? 남편과 소실이 발가벗고 뒤엉켜 그 짓이 한창이 아닌가!

"아아, 나 죽어……!"

소실은 온몸을 뒤틀면서 숨넘어가는 기성을 연신 토해내고 있었다.

그 광경을 본 본처의 눈이 뒤집혔다. 그녀는 신발도 벗지 않고 방으로 뛰어 들어갔다. 그런 다음 번개처럼 남편의 머리칼을 잡아채며 천둥처럼 소리쳤다.

"이놈아! 이렇게 죽일라거든 왜 나부터 안 죽여 주고 요년부터 죽여주는 거고, 왜?"

남성이 알아야 할 성교 테크닉

여자는 남자의 공격을 처음에는 필사적으로 막으려들고,
그 다음부터는 남자의 퇴각을 필사적으로 막으려 든다.
— 오스카 와일드 —

《파수록·破睡錄》에 이런 이야기가 있다.

어느 시골에 섹스를 꼭 누구처럼 밝히는 여인이 있었다. 그런 이유로 그 남편은 밤일을 가지고 유세를 부렸다.

"콱 안해줄까 보다!"

남편의 이 말을 아내는 가장 두렵게 생각했다.

어느 날 그 남편이 아내의 귀가 솔깃해지는 말을 했다.

"오늘 밤에 그 일을 수십 차례 해줄 테니 당신은 무엇으로 나의 수고에 보답하겠오?"

아내가 신바람이 나서 대답했다.

"당신이 원하시는 것은 다 드리지요. 술값도 넉넉히 드리고, 또 몰래 감춰 두었던 명주 한 필로 옷을 지어 드릴게요."

"흠, 그것 괜찮군그래? 약속을 꼭 지킨다면 오늘 밤에 서른세 번 해주겠소."

"어머나! 서른하고도 세 번씩이나요?"

아내는 손뼉을 치면서 좋아했다.

마침내 밤이 되었다. 여인은 밤새도록 그 일을 한다는 사실에 몹시 흥분했다. 그래서 일찌감치 이부자리를 펴고 등잔불을 껐다.

이윽고 남편이 그 일을 시작하더니 작은 소리로 일진일퇴의 수를 세는 것이 아닌가.

"한 번이요, 두 번이요, 세 번이요……."

그렇게 하여 서른세 번을 센 다음에 사정했다.

"에계계!"

아내는 부아가 났다. 기대가 컸던만큼 실망도 컸다. 때문에 우악스럽게 남편의 상투를 잡고 흔들면서 소리쳤다.

"이 작자가 사람을 놀리나! 이따위로 하는 것이 서른세 번이란 말이오?"

"서른셋을 헤아리는 것을 당신도 듣지 않았소?"

남편이 영문을 모르겠다는 듯 꺼벙한 표정을 하고 묻자 아내가 코를 식식 불며 설명했다.

"처음에는 천천히 진퇴하여 그 물건이 나의 그것 속에 꽉 차게 한 후 힘차게 위를 어루만졌다가 아래를 문지르기를 세 번해야 합니다. 그런 다음 오른쪽을 부딪치면서 아홉 번 전진했다가 왼쪽을 밀면서 아홉 번 후퇴하고, 빙그르르 한 바퀴 돌렸다를 수백 번 반복해야 하지요. 그러면 사람의 마음이 활홀해 지고 사지가 노글노글하여 소리가 목구멍에서 나오기가 어렵고, 눈을 뜨고자 하나 뜨기 어려운 지경에 이르러야 한 번이 되는 겁니다. 그런 후 잠시 원기를 회복한 후에 다시 시작을 해야 두 번이 되는 것이지요."

지금 이 글을 읽는 남성 독자들 중에도 이야기와 같은 성교의 기본적인 테크닉도 모르는 사람이 있을 것이다. 피스톤 운동처럼 그저 일진일퇴만을 거듭하다가 제풀에 겨워 찍하고 사정하는 남성은 정말 멋대가리없는 남성이 아닐 수 없다.

여성의 성은 실로 델리킷하고 리드미컬하다는 것을 알아야 한다. 남성의 사랑과 정성으로 불을 지펴주어야 할 요소를 몸 전체에 지니고 있는 것이 여성인 것이다.

남편들이여!

부단히 노력하여 아내에게 삶의 즐거움을 선물하라. 그러면 네 가정이 평화와 행복을 얻을 것이다.

성교의 기본적인 테크닉은 우 삼삼(3×3=9), 좌 삼삼 후에 빙그르르 한바퀴 돌렸다가 다시 우 삼삼, 좌 삼삼이라는 것을 잊지 마시라.

호랑이 불알 발린 이야기

애교 있는 행동은 눈을 즐겁게 하고,
진실 있는 행동은 마음을 지배한다.
— 호프 —

옛날 전라도에 성질이 급하기를 유명한 총각이 있었다. 이 총각의 성질이 얼마나 급하냐 하면, 다른 사람보다 밥을 먹더라도 한 열 배쯤은 빨리 먹었고, 걸음을 걷더라도 눈썹에서 윙윙 소리가 날 정도였다. 좌우지간 엄청 급했는데, 과히 우물에 가서 숭늉을 찾고도 남음이 있을 정도였다.

성질이 급한 것처럼 일도 척척척 일사천리로 잘했다. 매일 새벽같이 일어나 후다다닥 논에 나가 논일을 하고, 아침을 먹고 오전 중에 밭일마저 깨끗이 끝내는 것이었다. 그뿐이 아니었다. 오후에는 집채만한 나무둥치를 서너 짐 해다가 장에 내다 파는 것까지 거침없이 처리했다.

동에 번쩍 서에 번쩍했으므로 사람들은 그 총각을 뽕길동이라고 불렀으며, 보통 사람 서너 명 몫의 일을 능히 하는 그를 데려다 일을 시키기를 희망했다.

허우대가 좋고 인물도 못난 편은 아니었다. 그러나 그는 방귀를 잘 뀌었다. 너무나 빨리빨리 움직이기 때문에 소화가 잘되어 방귀를 잘 뀌는 것이었다. 그래서 방귀 '뽕'자를 써서 뽕길동이란 별명을 얻은 것이었다.

"세상에 뽕길동처럼 성질 급하고 일 잘하는 사람이 또 있을까?"

"아마, 없을 거야. 하여간 번개처럼 빨라서 정신이 없을 지경이야."

"ㅎㅎㅎ……. 뽕길동 같은 사위를 얻으면 아무 걱정이 없을 텐데……."

딸을 가진 인근 사람들은 은근히 그 총각을 사위삼기를 원하고 있었다. 척척척 일을 잘하니 부자로 살 것이 분명했고, 아무리 흉년이 들어도 굶어 죽을 염려는 없기 때문이었다.

뽕길동의 소문은 사람들의 입에서 퍼지고 퍼져 인근 고을에서 모르는 사람이 없게 되었다.

"음, 그런 녀석이라면 내 사위를 삼을 만하다."

강진에 사는 만석꾼 황 부자가 그 소문을 듣고 부쩍 욕심이 동했다. 그에게는 무남 독녀 외딸이 있었다. 그 딸을 너무도 사랑했기 때문에 잠시도 자기의 곁을 떠나게 하고 싶지는 않았다. 그래서 구하고 있는 것이 데릴사위였다.

희망하는 총각은 많았지만 한결같이 황 부자의 마음에 들지 않았다. 만석꾼 부자의 재산을 노리고 한평생 편히 살겠다는 생각을 가지고 있었기 때문이었다.

'게으름뱅이는 절대로 안된다. 성질도 급하고 똑 부러지 게 일을 잘하는 튼튼한 녀석이라야 한다.'

황 부자는 자기 눈으로 직접 뽕길동을 확인해 보려고 길 을 나섰다. 들리는 소문에 의하면 자기가 찾던 사윗감이 분 명한 것 같지만, 직접 확인하기 전에는 전부 믿을 수가 없기 때문이었다.

뽕길동이 사는 마을에 거의 다다른 황 부자는 한 냇가를 만났다. 징검다리도 없는 냇가였다. 그래서 신발을 벗고 바 지를 걷어올리고 있는데, 저쪽에서 웬 총각이 뛰는 것처럼 걸어오고 있었다. 허우대가 멀쩡하고 야무지게 생긴 총각이 었다.

냇가에 도착한 총각은 조금도 주저하지 않고 신을 신은 채로 첨벙첨벙 냇물을 건너는 것이 아닌가!

'무던히 성질이 급한 총각이로군.'

황 부자는 그 총각이 마음에 쏙 들었기 때문에 큰소리로 그를 불렀다.

"여보게, 젊은이!"

총각은 걸음을 멈추지도 않고 계속 냇물을 건너며 고개만 돌려 대답을 했다.

"왜 그러십니까, 노인장?"

"뭐가 바빠 그토록 서둘러 가는가?"

"바쁘지요. 할일이 태산과 같습니다. 논에 물도 대고 밭 고랑도 일구고 해야 하거든요."

"아무리 그렇다고 신도 벗지 않고 냇물을 건넌단 말인가?"

"ㅎㅎㅎ……, 노인장! 신이라야 짚신인데 얼마나 젖겠습니까? 걷다 보면 마르는데 왜 아까운 시간을 버린단 말씀입니까? 그럼, 전 바빠서 먼저 갑니다. 노인장은 천천히 갈 길을 가십시오."

총각은 이 말을 남기고 방귀를 뿡뿡 뀌며 성큼성큼 걸어서 마을로 들어가 버렸다.

"옳아, 저 녀석이 뿡길동인가 뭔가 하는 녀석이로구나!"

황 부자는 방귀 소리를 듣고 뿡길동임을 짐작했다. 직접 눈으로 확인해 보니 정말 괜찮은 사윗감이었다.

며칠 후 황부자는 매파를 보내 혼인을 성사시키게 했다. 뿡길동도 만석꾼 부자의 데릴사위를 거절할 이유가 없었다. 게다가 황 부자의 딸은 이슬에 젖은 해당화처럼 아름다운 처자였다.

황 부자의 사위가 된 뿡길동은 소작인 열 명이 할 일을 척척 혼자서 처리했다. 새벽에는 동쪽에서, 오전에는 서쪽에서, 오후에는 남쪽에서, 저녁에는 북쪽에서 번쩍번쩍 움직이며 신출귀몰했다.

"ㅎㅎ……. 내가 사위 하나는 끝내주게 잘 얻었다."

황 부자는 뿡길동이 일하는 모습을 지켜보며 매일 희희낙락했다. 조자룡이 헌칼 쓰듯 휭휭 일하는 모습을 보면 실로 가슴이 후련한 정도였다.

"여보게 사위, 오늘은 산기슭 밭을 갈아야 하지 않겠나?

아흔아홉 이랑이나 되니 소작인 몇 명 데려다 쓰는 것이 좋
겠네."

장인의 말에 사위는 고개를 휘휘 저었다.

"아닙니다. 왜 남에게 품삯을 줍니까? 저 혼자서도 충분
합니다."

"ㅎㅎ……, 내가 죽으면 모두가 자네 재산이니까 자네 맘
대로 하게나. 그러나 너무 무리는 하지 말게."

"염려 마십시오, 장인 어른."

아침을 후다닥 해치운 뽕길동은 등에 쟁기를 메고 소를
몰아 윙윙 눈썹을 휘말리며 산기슭 밭으로 갔다.

"이랴! 이랴!"

방귀를 뽕뽕 뀌면서 신나게 밭을 갈았다. 밭이랑이 부쩍
부쩍 줄었다.

바로 이때, 산속에 살던 호랑이 한 마리가 시장기가 들어
어스렁거리며 산 아래로 내려오다가, 신나게 밭을 갈고 있
는 뽕길동과 소를 보게 되었다.

"이랴, 이놈의 소! 빨리빨리 갈아라! 언제 아흔아홉 이
랑을 다 갈고 삼천리 밖에 있는 강토 장에 다녀오겠나!"

뽕길동이 이렇게 소리치자마자 소는 꽁지에 불이 붙은 것
처럼 무서운 속력으로 왔다갔다리 하며 밭을 갈았다. 사
실 소는 숲풀 덩굴 속에 숨어 있는 무서운 호랑이의 불켠 두
눈을 봤기 때문에 정신없이 밭을 갈아 제끼는 것이었다.

그것을 모르는 호랑이는, 자기의 상식으로는 도저히 이해
할 수 없는 일이 있었다. 소가 마치 말처럼 달리며 밭을 가

는 것도 믿을 수 없는 사실이었고, 소를 몰고 있는 사람의 말은 실로 무시무시한 말이 아닐 수 없었다.

"나는 세상의 어느 동물보다 빠르다. 그런 나도 하루에 삼천리를 갔다올 수 없다. 그런데 저 소가 언제 밭을 다 갈고 삼천리 밖의 강토 장에 갔다올 수 있단 말인가?"

호랑이는 고개를 갸우뚱갸우뚱거리다가 호기심에 못 이겨 불쑥 뽕길동 앞에 불쑥 나타나며 물었다.

"사람 아저씨, 말 좀 물읍시다."

"아니, 넌 호랑이 아니야? 난 몹시 바쁜데 뭘 자꾸 물어보다는 게야?"

"저, 저 느림보 소가 얼마나 빠르길래 밭을 다 갈고서 삼천리 밖 강토 장에 다녀온단 말이오?"

호랑이의 질문에 뽕길동은 ㅎㅎㅎㅎ 웃었다.

"이 미련한 호랑이야, 어째서 이 소가 네 녀석하고 같으냐! 잘 봐라. 이 소는 불알이 없지 않느냐. 불알이 없으니까 빠른 것도 모르는 미련퉁이 같으니라구!"

호랑이는 유심히 소를 살펴보았다. 앞에서 살펴보고 옆에서 살펴보고 뒤에서 살펴보아도 불알은 없었다. 암소였기 때문에 불알이 없을 수밖에.

"사람 아저씨, 정말 불알이 없으면 걸음이 빨라질 수 있나요?"

"그렇고말고!"

"내가 느린 것은 불알 때문이란 말인가요?"

"이놈아, 그렇다는데 왜 자꾸 말을 시키냐. 말이 나온 김에 너도 불알 까주랴?"

성질 급한 뽕길동은 이 말을 미처 끝내지도 않고 다짜고
짜 호랑이를 눕혔다. 그런 다음 재빨리 노끈으로 호랑이의
불알을 꽉 묶은 다음 삽으로 콱 찍어서 불알을 까 버렸다.
눈 깜짝할 사이에 벌어진 일이었다.

"ㅎㅎㅎ……. 어떠냐? 처음에는 조금 아프지만 차츰 괜
찮을 테니 참거라. 그리고 이 물건은 내가 먹겠다. 사실 장
가를 들어 좀 힘이 달리거든……."

뽕길동은 호랑이 불알을 널름 집어먹고 다시 밭을 갈기
시작했다.

"이랴! 이랴아!"

호랑이는 벌떡 일어나 걸어보려고 했다. 그러나 불알을
깐 후라 몹시도 아랫도리가 당기고 아팠다. 절로 신음이 터
지고 눈물이 찔끔찔끔 나왔다. 정말 영문도 모르고 당한 것
처럼 생각되어 죽을 맛이었다.

"이거 잘못된 것이 아닐까? 왜 이렇게 아플까? 도저히
걸음을 걸을 수 없을 정도로 아프구나."

호랑이는 한숨을 푹푹 쉬며 조심조심 어기적어기적 걸
었다. 이제 와서 다시 불알을 붙여달랄 수도 없었다. 떨어진
불알은 눈썹에서 윙윙 소리가 나도록 쟁기질을 하고 있는
저놈이 한입에 널름 삼켜 버렸던 것이다.

호랑이가 막 산 속으로 들어가려고 할 때 뽕길동의 색시
가 새참을 가지고 나왔다.

"여보, 좀 쉬었다가 하세요!"

뽕길동은 쟁기질을 멈추고 후다다닥 아내 곁으로 뛰어 갔다. 정력에 그렇게도 좋다는 호랑이 불알을 날것으로 삼킨 후라 힘이 펄펄 났다. 새참보다 욕망 해소가 더 급했다. 그래서 다짜고짜 밭두렁에 아내를 눕히고 백주에 일을 벌이기 시작했다.

그것을 본 호랑이는 혼자 ㅎㅎㅎ 웃기 시작했다. 한걸음 옮기다가 고개를 돌려 그것을 보고 ㅎㅎㅎ, 두 걸음 옮겨 다시 그것을 보고 ㅎㅎㅎㅎ 웃었다. 그러면서 이렇게 중얼거리는 것이었다.

"ㅎㅎㅎㅎ……. 나도 불알을 발려서 아파 죽겠는데, 저놈도 엉겁결에 불알을 발리는구나. ㅎㅎ……, 너도 꽤 아플 것이다! ㅎㅎㅎㅎ……."

호색은 인간의 상정이다 ①

이 세상에서 술과 여자는 남자의 적이다
그렇지만 나는 제발 적을 만나고 싶다.
— 촉산인 —

성종 때, 강원도 원주에 무척이나 아름다운 기생이 있었다. 원주를 지나는 사신마다 그 기생에게 매혹되어 공무에 지장이 많았다.

어느 날 한 언관이 그 일을 문제삼아 탄핵했다.

"전하, 여색에 빠져 공무를 소홀히 하는 관리를 엄중히 문책하셔야 나라의 기강이 바로잡힐 수 있습니다. 소신의 뜻을 부디 통촉하여 주십시오."

언관의 탄핵을 들은 성종은 빙그레 웃으며 조용히 말했다.

"호색이란 인간의 상정인 만큼 함부로 말할 것이 못 되오."

임금이 이렇게 말했는데도 언관은 소신을 굽히지 않았다.

"전하, 나라의 일을 하는 관리가 그따위 일에 참을성이 없다면 무슨 일을 할 수 있겠습니까?"

"ㅎㅎ, 그만 두래도……. 어찌 그 일을 인정으로 막을 수 있단 말인가!"

그로부터 며칠 후 성종은 그 꼬장꼬장한 성격의 언관을 강원 감사로 임명했다. 그와 동시에 은밀히 원주 목사에게 지시하여 여색으로써 그를 시험하게 했다.

강원 감사로 부임한 언관은 부임하자마자 모든 기생을 물리쳐 버렸다. 씽씽 찬바람이 도는 그의 언행과 성품으로 보아서 어떤 여자도 범접할 수 없을 것만 같았다.

한편 어명을 받은 원주 목사는 문제의 기생을 불러 이런 사실을 말했다.

"이것은 상감의 지엄하신 명령이다. 네가 그 감사를 호릴 수만 있다면 큰 상을 내리겠다. 녹일 수 있겠느냐?"

"그리 어려운 일은 아니옵니다."

기생의 흔쾌한 대답에 원주 목사는 고개를 끄덕이며 그녀를 보았다. 함초롬히 이슬을 머금은 해당화처럼 아리따운 모습을 보고 반하지 않을 남자가 없을 것 같았다.

"열흘 내로 감사를 장롱 속에 넣어서 목사님 앞에 대령하겠습니다."

기생은 장담을 하고 집으로 돌아가 다른 기생들과 함께 감사를 호릴 계책을 꾸몄다.

남자를 호리는 일에 일가견이 있는 기생들이라 묘안이 속출했다.

"푹푹 삶아! 삶으면 되는 거야."

어느 기생의 이 말에 영특하기로 소문난 퇴기가 간교한 미소를 흘리며 말을 이었다.

"대가리가 익도록 말야."

이 말에 좌중의 기생들은 까르르르 웃었다.

남자란 대가리(?)가 익도록 푹푹 삶으면 된다는 것이 그네들의 공통된 생각이었다.

다음날 기생은 일부러 감영에 한 마리의 말을 풀었다. 고삐 풀린 말은 천방지축 날뛰며 감영 뜨락에 있는 화초를 제멋대로 뜯어먹었다.

"여봐라! 웬놈의 말이 감영의 뜨락을 망친단 말이냐! 냉큼 말 주인을 대령시켜라."

감사는 노발대발하며 말 주인을 찾았다.

이윽고 말 주인이 감사 앞에 대령했다. 젊고 아름다운 여인이었다.

"사또님, 제 집에 남자가 없는 까닭에 그만 말을 놓쳤습니다. 말이 감영의 귀한 화초를 상하게 하였으니, 말 주인인 저의 죄가 크옵니다. 달게 벌을 받겠으니 벌을 내려 주십시오."

말 주인인 여자는 슬픈 목소리로 벌을 내려줄 것을 청했다. 홀로 사는 보기 드문 미인이 눈물을 글썽이며 벌을 받겠다고 자청하는 모습은 더욱 측은지심을 느끼게 했다.

감사는 여인의 모습을 물끄러미 내려다보았다. 소복 단장한 여인의 나이는 스물 안팎, 연지분을 바르지는 않았으나

엷은 화장을 한 해말쑥한 얼굴은 아리땁기가 흡사 한 송이 꽃과 같았다.

검은 눈동자는 사슴의 눈처럼 슬퍼 보였고, 오뚝한 콧날은 홀로 사는 여인의 외로움을 더욱 외롭게 보이게 했고, 빛깔 고운 장미빛 입술은 뭔가를 간절히 열망하는 듯했다.

가련한 미녀에게 어느 남자가 벌을 내릴 수 있겠는가! 감사는 차마 벌을 주지 못하고 여인을 돌려보냈다.

'참으로 아름다운 계집이로다!'

감사는 자꾸만 말 주인 여자의 모습이 눈앞에 삼삼히 떠올라 마음이 혼란스러웠다. 대체 어디에 살며 어떤 여자인가가 궁금했다.

"내가 그따위 여자에게 마음이 흔들리다니……."

감사는 스스로 자신의 흔들리는 마음을 질책했지만, 그러면 그럴수록 그 여인의 모습이 뇌리를 떠나지 않았다.

그날 밤은 달빛이 유난히 밝았다. 이름모를 풀벌레들이 울며울며 감사의 마음을 묘한 그리움 속으로 빠져들게 했다.

"애, 방자야! 간단히 약주상을 보아 올리도록 하라."

감사는 잠을 이루지 못하고 홀로 술을 마셨다. 그런데 술잔에 그 여인의 모습이 어른거리는 것이 아닌가!

"말을 놓은 계집은 어떤 여자냐?"

감사는 그리움과 궁금증을 이기지 못하고 방자에게 물었다.

"네, 그녀는 쇤네의 누이입니다. 일찍이 남편을 잃고 홀로 외롭게 영문(營門) 근처에 살고 있습니다."

"홀로 외롭게 살고 있다구?"

"그러하옵니다, 사또!"

감사는 그 말을 듣고 샘물처럼 연모의 정이 솟구쳤다. 그러나 여색을 멀리하기로 소문난 감사가 아닌가. 남몰래 가슴을 태울 뿐 내색할 수는 없었다.

그렇다면 방자(房子)는 누구인가. 그는 벌써 매혹적인 기생 한 명이 그 대가리가 익도록 푹푹 삶아놓은 인물이었다. 물론 말을 놓은 여인의 친 오라비는 아니었다.

'흥흥, 감사를 유혹하는 일이 성공만 한다면……'

방자는 기생들의 달콤한 약속을 상기하며 흥분으로 몸을 떨었다. 성공만 한다면 그가 원하는 기생과 하룻밤의 정사를 약속받았던 것이다.

이튿날 깊은 밤에 방자는 감사에게 은근히 속삭였다.

"사또님, 쉰네의 누이가 사또의 은혜에 보답코자 잘 익은 배를 가지고 왔습니다. 그런데 황공해서 감히 올리지를 못하고 있습니다."

감사는 갑자기 눈이 커짐과 동시에 귀가 번쩍 뜨였다.

"뭐라구? 네 누이가 배를 가지고 왔다구?"

"그, 그러하옵니다. 아무래도 돌려보내야 하겠지요?"

방자는 감사의 속마음을 훤히 읽고 있으면서도 그렇게 말했다. 그러자 감사는 고개와 손을 흔들며 빠르게 말했다.

"아니다! 어서 가지고 오너라. 마침 시원하고 달콤한 배가 먹고 싶었는데, 참 잘됐다!"

"쉰네가 받아가지고 올까요 ?"

"아냐, 아냐! 네 누이더러 직접 가지고 오라고 하여라."

이리하여 기생은 감사의 방에 들게 되었다. 그러자 여인의 향내가 방안에 가득 찼다. 촛불이 타오르고 있는 야심한 시간에 보는 여인의 자태는 더욱 매혹적이었다. 감사는 야릇한 홍분에 연신 마른침을 삼켰다.

"호, 홀로 살고 있다니 무, 무척 외, 외롭겠구나 !"

마침내 감사는 목소리를 심하게 더듬거리며 배를 깎아 내미는 기생의 손을 슬그머니 잡았다.

"어머나 !"

기생은 낮은 소리를 내며 몸을 움추렸다. 짐짓 두렵고 수줍다는 표정이었다.

"두려워 말고 이리 가까이……."

감사는 기생의 손을 잡아끌었다.

"사또님, 쉰네는 창기가 아니옵니다. 그러니 제발 이러시지 마십시오."

기생은 약간 저항하며 그윽한 눈을 빛냈다.

"깊은 밤중인데……, 아무도 보는 이가 없는데……."

감사는 마치 두꺼비가 날름 혀를 내밀어 파리를 잡아채듯 기생의 손을 끌어당겨 품에 안았다.

"이, 이러시면 안되옵니다."

기생은 입으로는 안된다고 계속 말하면서도 감사의 행동을 저지하지 않았다.

저고리가 벗겨졌다. 치마도 힘없이 벗겨졌다. 그리고 그리고……, 둘은 드디어 운우(雲雨)의 즐거움을 나누게 되었다.

무엇이든 시작이 어려운 법이다. 그러나 한번 시작을 해놓으면 그 다음은 일사천리가 아니던가. 특히 남녀간의 그 일은 더더욱.

이날 밤 이후부터 감사와 기생은 밤마다 은밀히 만나서 마치 나비가 꿀을 빨듯이 서로가 서로를 탐했다.

그러던 어느 날 기생이 감사에게 은근히 속삭였다.

"사또님, 홀로 된 여인의 몸으로 밤이슬을 맞으면서 남몰래 감영으로 오가는 것을 남이 볼까 두렵사옵니다. 사또께서 진심으로 소첩을 사랑하신다면, 내일밤은 저의 집에 오셔서 사랑을 베풀어 주실 수는 없겠사옵니까? 부탁드립니다."

"그래, 알았다."

감사는 기생의 청을 쉽게 허락했다.

다음날 밤 감사는 미복을 하고 기생의 집으로 숨어들었다. 기생은 맛있는 음식과 좋은 술로 감사를 극진히 대접했다.

"밤이 깊었구나!"

감사의 은근한 목소리에 기생은 술상을 치우고 이부자리를 깔았다. 이윽고 두 사람은 뜨거운 운우의 정을 나누기 시작했다.

그런데 바로 그때였다.

"당장 나오너라! 내가 네게 쏟은 정이 얼마인데 네가 나를 배반했어. 도저히 그냥둘 수 없다!"

문밖에서 누군가가 벼락치듯 호통을 치며 문고리를 거칠게 잡아흔드는 것이 아닌가!

기생과 이층을 만들고 있던 감사는 얼굴이 파랗게 질려 한창 천국을 노닐던 행위를 딱 멈췄다. 기생도 놀란 표정을 감추지 않았다.

다음 순간 기생은 감사를 밀어내며 넌지시 속삭였다.

"저 자는 대단히 난폭한 자입니다. 그러니 사또께서는 잠시 장롱 속으로 피신하는 것이 좋겠습니다."

감사는 옷을 입을 겨를도 없이 재빨리 장롱 속에 숨었다. 그와 동시에 밖에서 소리치던 사내가 문을 박차고 들어서면서 고래고래 고함을 쳤다.

그런데 이상하게도 기생은 소리없이 웃고만 있었다. 죽일 듯이 고함을 쳐대고 있는 우락부락한 사내도 벙글벙글 웃으면서 이리 뛰고 저리 뛰었다.

사내는 장롱을 발로 쾅! 차며 소리쳤다.

"이 장롱과 장롱 속의 물건과 옷은 모두 내가 장만해준 것들이다. 그러니 내가 도로 가져가 관가에 고발하겠다. 관가에 고발하여 네년의 배신을 만천하에 알리겠다!"

사내는 동아줄로 장롱을 꽁꽁 묶었다.

"제발 용서해 주세요. 이 장롱만은 안돼요."

기생은 이렇게 소리친 다음 재빨리 사내의 귀에 입을 대고 속삭였다.

"어서 이 장롱을 지고 원주 목사에게 가세요."

　사내는 고개를 끄덕한 다음 장롱을 지고 성큼성큼 밖으로
나갔다.

　발가벗은 채로 장롱 속에 갇혀 있는 감사는 죽을 지경이
었다. 장롱이 이리저리 흔들릴 때마다 머리가 사정없이 벽
에 부딪는 것도 견디기 힘들었지만, 앞으로 닥칠 일이 더 걱
정이었다.

　'어휴, 이게 무슨 망신이란 말인가!'

　감사는 머리칼을 쥐어뜯으며 깜빡 여색에 빠졌던 자신을
질책했다. 후회했다. 그 물건을 뿌리 뽑고 싶었다.

　얼마나 시간이 흘렀다. 사람들의 발소리가 들리고 수근덕
거리는 웅성거림이 들렸다. 밖의 그런 소란으로 보아서 드
디어 관가에 도착했다는 것을 감사는 느낄 수 있었다.

　'으으, 쥐구멍이라도 있다면 숨고 싶구나!'

　감사가 장롱 속에 있는 기생의 옷으로 머리를 감싸고 떨
고 있을 때 장롱을 지고 왔던 사내의 우렁우렁한 목소리가
들렸다.

　"소인이 어느 기생을 사랑하여 온갖 정성을 쏟았습니다.
재물을 털어 의복과 장신구를 원하는 대로 사 주었습니다.
그런데 이제 와서 그녀가 소인을 배신했습니다. 소인이 지
금까지 해준 것들이 이 속에 있으니 확인하시고, 사또께서
현명한 처사를 내려주십시오."

　"네 말이 사실이라면 참으로 괘씸한 계집이로다! 어디
장롱을 열어 보아라!"

　원주 목사가 명령을 내렸다. 그 소리에 간이 콩알만해진

감사는 장롱문이 열리지 않게 하려고 죽을 힘을 다하여 문고리를 잡았다.

"이놈의 문이 왜 안 열리나! 사령님들이 좀 도와주십시오." 사내는 사령들의 도움을 받아 장롱문을 힘차게 열었다. 그런데 이게 웬일인가. 한 벌거숭이 사내가 문짝을 잡고 딸려나오는 것이 아닌가!

"아아니! 강원 감사가 아니신가? 감사께서 웬일로 그 속에……."

원주 목사가 놀라 소리치자, 감사는 두 손으로 얼굴을 감싸고 안절부절 못했다.

이러한 사실은 곧 임금에게 보고되었다. 성종은 껄껄 웃으며 이렇게 중얼거렸다.

"흐흐흐흐. 세상에 호색에 당할 자가 그 누가 있겠는가. 호색이란 인간의 상정인데! 흐흐흐……, 강원 감사의 그 꼴이 눈에 보이는 듯하구나. 흐흐흐흐 흐흐흐흐."

만성 중독증

인간은 자기가 행복하다는 것을
알지 못하기 때문에 불행하다.
— 도스토예프스키 —

　세미나를 끝낸 산부인과 의사들이 연회에 참석했다. 시중
을 들던 한 호스티스가 슬며시 물었다.

　"진찰 중에 불쑥 이상한 욕심이 동하는 경우는 없나요?"

　이 질문에 의사는 손을 내저으며 말했다.

　"전혀, 전연 그런 생각은 안 들어."

　"상대가 최진실이나 심은하같이 굉장한 미인이래도요?"

　"미인이 무슨 상관 있어? 여성의 냄새나는 그곳은 신물
이 나도록 봐서 아무렇지도 않단 말야."

　한 의사가 이렇게 말하자, 다른 의사들도 모두 고개를 끄
덕였다.

　"여성의 가장 여성다운 부분은 적당히 감춰졌을 때가 신
비한 법이야. 즉 보일락말락할 때가 사나이를 미치게 하는

것이란 말이야. 그런데 가랑이를 벌리고 두 다리를 쳐들고 있을 때, 목격하는 그 요상스럽게 생긴 물건이 무슨 매력이 있겠어?"

의사의 시니컬한 이 말에 호스티스는 고개를 갸우뚱했다.

"요상스럽게 생긴 물건이라니오?"

"쫙 째진 그 물건도 몰라?"

"에이, 의사 선생님께서 그렇게 심한 말씀을……."

호스티스는 약간 얼굴을 붉히며 말끝을 흐리다가 걱정스럽게 말을 이었다.

"그렇다면 큰일이네요. 부인과의 부부 생활은 어떡하죠?"

"그게 전혀 흥미가 없어. 가까이하지 않은 지 벌써 오래야."

"어휴, 그럼 부인의 불만도 대단하겠군요?"

"그래, 그렇지만 마누라도 지쳤지 뭐."

호스티스는 그만 어이가 없다는 듯 끌끌 혀를 찼다. 그런 다음 의사들을 동정하는 눈빛으로 바라보며 이렇게 중얼거렸다.

"쯧쯧……, 만성 중독증 환자들이군! 인생의 큰 보람을 느끼지 못하는 딱한 직업병에 단단히 걸렸구나, 가엾게도……."

울고 싶어라

돈과 사랑은 사람을 철면피하게 만든다.
— 오비디우스 —

여객선이 침몰했다. 생존자는 모두 일곱인데, 여자가 여섯이요 남자가 한 사람이었다.

일곱 명의 생존자는 어느 무인도에서 구조될 날을 기다리며 하루하루를 보냈다.

며칠이 지나지 않아서 한 사람의 남자는 과로가 지나쳐서 코피가 터질 지경이었다. 밤이면 밤마다 여섯 여자를 상대해야 하는 것은 고역 중의 고역이었다. 지옥이 따로 있을 수 없었다.

"나는 살고 싶다! 나를 좀 쉬게 해달라!"

남자는 여자들에게 큰소리로 항의한 다음에 인간적으로 호소했다.

"여러분들은 차례를 정하시오. 나는 하루에 한 사람하고

만 관계하겠오. 그리고 일요일을 무슨 일이 있더라도 쉬겠
오.”

여자들은 박수를 치면서 남자의 호소를 받아들였다.

그래서 무인도의 생활은 질서가 정연한 가운데 세월이 바
람처럼 흘렀다. 남자가 자기 차례인 여자는 온갖 물고기 등
을 잡아서 남자를 배부르게 먹였다. 힘이 있어야 그 일을 힘
차게 해줄 것이 아닌가!

이렇게 3개월이 지난 어느 일요일 아침, 바다에서 또 한
사람의 표류자가 무인도를 향해 뗏목을 저어오고 있었다.
건강하고 잘생긴 남자였다.

“여호! 이젠 살았다!”

그동안 여섯 여자들에게 시달린 남자는 환호성을 울리며
쾌재를 불렀다. 좋아하기는 여자들도 마찬가지였다. 왜냐하
면 일주일에 한 번이던 것이 두 번으로 늘어나기 때문이
었다.

남자는 다른 한 명의 동지가 도착한 기쁨에 펄쩍펄쩍 뛰
며 소리쳤다.

“이봐, 빨리 와!”

이윽고 뗏목은 바닷가에 닿았다. 뗏목 위의 건장한 남자
는 일곱 사람을 보고 빙그레 웃었다.

“이얏, 사람이 있었구나!”

남자는 이렇게 소리친 다음에 성큼성큼 걸어서 일곱 사람
쪽으로 왔다.

그런데 여자들은 거들떠 보지도 않고 남자에게 다가서며

황홀한 목소리를 토해냈다.

　"어쩜, 당신처럼 섹시한 사람이 여기에 있었군요? 난 한 눈에 반했어요."

　가련한 남자는 울상이 되어 신음소리를 냈다.

　"맙소사! 이젠 일요일도 쉴 수 없게 됐군."

전통 사회의 성교육

여자의 운명은 맨 처음 키스 때 정해진다.
— 모파상 —

    우리 나라의 전통 사회에서는 조혼(早婚) 풍조가 일반적이었다.

    역사적인 측면에서 고려 말기 원(元) 나라가 고려에 부녀자를 요구했던 이유로 조혼이 성행한 것이다

    그런데 조선 시대에 들어와서도 이 풍속이 계속되었다. 그 이유로는 아들을 가진 집에서는 며느리를 맞아들임으로써 일손을 늘리고자 했고, 딸을 가진 가난한 집안에서는 부양가족 수를 줄이고자 했던 이해 관계가 맞아떨어진 것이다. 여기에 자손을 빨리 보고자 하는 심리적 욕구가 작용하여 조혼 풍습을 심화시킨 것이리라.

    우리 나라 조혼 풍습의 특색은 신랑의 나이가 신부보다 월등히 어렸다는 점에 있다. 이런 걸맞지 않은 결합으로 인

하여 생겨난 이야기가 해학과 민담 속에 많이 등장한다.

신부를 피어나기 시작한 꽃에 비유한다면 신랑은 이제 갓 꽃봉오리가 맺힌 것이다. 바꾸어 말하면, 신부는 남자를 그리워할 때가 되었는데 신랑은 아무것도 모르는 철부지인 것이다. 그러니 신부의 속이 탈밖에.

그리고 옛날의 혼기를 앞둔 처녀들은 어머니나 유모, 여종들로부터 은밀하면서도 자세하게 성교육을 받았다. 단순한 성행위 방법뿐 아니라 남자에게 즐거움을 주는 비법도 전수했다. 그 삽화를 이야기 형식으로 꾸며보면 다음과 같다.

늙은 유모가 혼인 날을 정한 처녀에게 은밀히 말한다.

"아가씨, 혼인한 남자들이 아내가 있는데도 불구하고 난봉을 피우는 이유를 아십니까?"

"몰라요."

처녀는 눈을 동그랗게 뜨고 고개를 흔든다.

"가장 중요한 이유는 색시의 방중술(房中術)이 서툴기 때문이랍니다.

"방중술이라니요?"

"방사(房事)의 방법과 기술을 말하는 것이지요."

"그런 것에도 기술이 필요하나요?"

"그럼요, 매우 중요합니다. 가장 비근한 예로 음식을 놓고 생각해 보세요. 똑같은 재료로 음식을 만들더라도 만드는 사람에 따라 그 맛이 판이하게 다르지요?"

"네, 그건 그렇지만……."

"방사도 그것과 크게 다를 바가 없습니다."

유모는 누가 들을까 무섭다는 표정을 지으며 목소리를 더욱 낮춘다.

"아가씨, 저를 따라서 해보세요. 저처럼 이렇게 손을 꼭 오므려 쥐고 항문을 꽉 조여 보세요."

유모의 행동을 처녀가 따라 한다.

"어떻습니까? 옥문(玉門)이 꽉 조여지는 느낌이 들지요?"

"그렇군요. 항문을 죄니 옥문도 조여지는군요."

"아가씨, 틈틈이 그 운동을 계속하시는 것을 잊어서는 안 돼요."

"왜요?"

처녀는 호기심이 어린 목소리로 반문하며 눈을 빛낸다.

"방중술의 기본을 말할 테니 새겨 들으세요. 남자의 그것이 들어 오면 먼저 문을 활짝 열어 들어 오기 쉽게 하고, 반쯤 들어왔을 때 옥문을 꽉 조여 압박감을 느끼게 해야 합니다. 그리고 완전히 들어왔을 때는 다시 늦추었다가 밖으로 나갈 때는 다시 조여 빠져나가지 않게 해야 합니다. 그러면서 엉덩이를 기술적으로 이리저리 움직이면 남성의 쾌감이 커짐과 동시에 여자도 쾌미를 느낄 수 있는 것이지요. 그런 이유 때문에 항문 조이는 연습을 하라는 것입니다."

"아하, 알겠어요. 항문을 조이면 덩달아 질이 조여지니까 남자의 양물에 압박을 줄 수 있다는 말이지요?"

"ㅎㅎㅎ……, 그렇습니다."

유모는 성교의 체위 등도 상세히 가르치며, 신랑이 복상사(腹上死)의 징후를 보일때 응급 처치를 하는 요령도 시범으로 보인다.

예전에는 방사 도중에 복상사가 잦았었다. 대가족 제도의 가옥 구조 탓이었다. 방음 장치가 잘 안된 가옥에 많은 사람이 함께 살고 있으니, 은밀한 부부 관계가 더욱 조심스러울 수밖에 없었다. 방사의 쾌락에서 절로 터지는 신음을 필사적으로 억제하며 몸부림을 가누어야 했다. 또 부모가 정해준 합궁이 아닌 날 욕정이 동했을 때는 실로 난처했다. 남편은 부모가 잠들기를 기다렸다가 마치 간첩이 접선하는 것처럼 살금살금 조심스럽게 아내의 방으로 숨어 들었다. 그러면 아내는 못 이기는 척하며 남편의 요구에 응한다.

부모 몰래 방사를 하다보니 신랑이나 신부나를 막론하고 잔뜩 긴장할 수밖에 없었다. 그래서 부스럭거리는 소리에 놀라서 복상사하는 경우도 있었다.

이때 남편의 복상사를 예방하는 것이 첨(尖)이다. 첨은 평소에 부인의 머리에 꽂는 10cm 가량의 끝이 예리한 핀인데, 주로 금이나 은으로 만들어 국화·석류·나비 등을 새겨 머리에 꽂고 살았다.

복상사 징후가 있을 때 부인은 이 첨으로 남편의 뒤통수를 찔러 피가 나오게 함으로써 위기에서 구했다. 대체로 첨은 어머니가 딸에게 주면서 그 사용법을 상세히 전수했다. 말하자면 딸이 과부가 되는 것을 예방하는 도구가 바로 첨이었던 것이다.

시집가는 딸에게 은밀히 대를 물리는 것이 또 있다. 그것은 놀랍게도 에로틱하기 짝이 없는 춘화도(春畫圖)이다. 남녀가 성교하는 여러 가지 광경을 그린 이 춘화도를 물려 주면서 남편의 사랑을 독차지하기를 기원했다.

이처럼 성교육에 열심이었던 이유는 쉽게 짐작할 수 있다. 전통 사회의 남성은 비교적 여성과 접촉할 기회가 많았다. 첩을 둘 수도 있었으며 여종을 건드릴 수도 있었다. 또한 기생의 능숙한 리드에 쾌락의 극치를 맛볼 수 있었다.

여러 명의 여성을 접촉할 수 있었던 남성은 여자를 비교할 수 있었다. 어느 여자가 밤을 황홀하게 만들어 주는가를 알게 된다. 남편이 상관하는 다른 여자(첩·여종·기생 등)보다 기교가 떨어지는 아내는 독수 공방을 면할 수 없게 된다. 그래서 다른 여자들에게 그 기교에서 뒤지지 않기 위하여 피나는 경쟁을 했던 것이다.

어쨌든 전통 사회의 성교육은 은밀하면서도 철저했다. 말하기 힘든 성교육을 해학과 민담을 통하여 넌지시 교육시키는 슬기로움을 발휘했다.

다음은 성교육용 해학 중에서 발췌한 내용이다.

어느 시골 사람이 몹시 아름다운 며느리를 얻었다. 조혼 풍습에 따라 신랑은 나이가 어리다. 이에 반하여 신부는 나올 곳은 나오고 들어갈 곳은 들어간, 말하자면 물이 오를 대로 오른 처녀다.

신부는 어머니로부터 성교육을 철저히 받았다. 고된 시집살이에서 유일한 낙이 밤에 있다는 사실도 알게 되었다.

두려움 반 기대 반으로 기다리던 첫날밤을 맞이했다. 철부지 신랑은 아무것도 모르고 쿨쿨 잠만 잔다.

'어휴, 이런 꼬맹이가 내 신랑이란 말인가!'

신부는 실망으로 인한하여 한숨이 절로 터진다. 안타까운 마음에서 살며시 꼬마 신랑의 바지춤을 풀고 그곳을 살핀다.

"에계계, 오무라든 번데기처럼 생긴 요깐 것이 양물(陽物)이란 말인가? 이게 어느 세월에 크나!"

신부는 하릴없이 신랑의 고추를 만지작거리며 망막한 세월을 헤아린다. 신랑의 고추가 여물 날이 언제인가를. 그러다가 자기의 옥문을 그 고추에 살짝 대어보기도 한다.

혼인 잔치를 마치고 친정으로 갔다가 시댁으로 돌아오게 되었다. 관례에 따라 사돈이 따라오고 친척이랑 이웃을 청하여 잔치가 벌어졌다.

이때 신부를 본 꼬마 신랑이 화들짝 놀라며 소리친다.

"저 계집애가 왜 우리 집에 왔어? 나를 죽이려고 했단 말이야. 일전에 저 팔로 나를 눕히더니 꽉 끌어안고, 다리로 나를 끼고 무겁게 내리 누르더니 제 오줌 누는 구멍을 내 고추에 대고 밤새껏 문질렀단 말이야. 그리고 나의 배 위에 타기도 하고, 이상한 소리를 내며 지랄 발광을 하면서 나를 못살게 하더니 왜 또 왔어? 나를 잡아가서 또 그렇게 하려고? 싫어! 무서워서 난 싫어!"

하고는 어디론가 줄행랑을 친다.

신부의 얼굴은 홍당무가 되고 사돈의 얼굴은 민망하여 어쩔줄 몰라한다. 좌중의 사람들은 사돈과 신부의 체면을 생각하여 못들은 척하고 있지만, 웃음을 참느라고 애쓰는 표정이 역력하다.

혼인을 앞둔 꼬마들은 사랑방에서 이웃 아저씨나 삼촌으로부터 이런 이야기를 들으면서 은연중에 성을 깨우치게 된다.

성은 결코 부끄러운 것이 아니다. 쉬쉬하며 숨기는 것이 능사가 아니다. 숨김으로 인하여 아이들은 더욱 호기심을 갖게 되고, 그 호기심이 증폭될 때 비정상적인 방법으로 성을 깨우치게 되는 경우가 많다.

그러기에 해학과 어우러진 성교육 지침서는 필요한 것이다. 원초적 본능에 관한 지혜와 상식을 괜히 눈살 찌푸리며 보는 위선을 탈피해야 한다.

성은 중요하면서도 즐거운 것이라는 인식을 심어주어야 한다. 고귀한 인간의 생명을 탄생시키는 숭고한 행위가 성교이며, 그 행위에서 느끼게 되는 즐거움이 인간 발전과 성장의 원동력이 된다는 점을 숨겨서는 안된다.

소위 프리섹스 시대라고 일컫는 오늘날은 지나치게 성이 개방적이다. 남녀가 부둥켜 안고 섹스하는 장면은 영상 매체나 간행물 속에서 쉽지 않게 보고 듣고 읽을 수 있다.

그럼에도 불구하고 성에 대한 지식이나 상식은 그리 폭넓지 않다는 것이 문제이다. 성문화의 홍수 속에 내실 있는 성교육은 실종되었기 때문이다.

성을 단지 쾌락적인 것으로만 인식함으로써 파생되는 문제는 실로 심각하다. 우리 사회의 어두운 구석에 미혼모의 비극이 있고 사생아의 슬픔이 있다. 문란한 성문제로 인하여 망가진 가정의 행복을 수두룩하다.

인간이라면 누구나 성을 향유해야 할 권리가 있는 반면에 지켜야 할 모럴이 있다. 어디까지나 남녀의 성은 건전해야 한다. 순수해야 한다. 책임과 의무를 준수하면서도 뜨거워야 한다.

내가 어떤 여자나 혹은 남자를 좋아한다고 해서 남의 영역은 침범해서는 안된다. 타인의 행복을 깨뜨려서도 안된다. 그러므로 가정을 가진 남자나 여자를 유혹하는 행위는 부도덕하다. 사랑이 없으면서 쾌락만을 추구하는 관계도 인간적이 아니다.

인간의 본능인 성을 자연스럽게 알고, 즐겁게 향유할 수 있는 지혜와 슬기를 배우고 가르치는 것이 실로 중요한 일이다.

4

용꿈

아빠, 당황하지 마세요

쾌락은 행복의 끝과 시작이다.
― 에피크로스 ―

어느 주말 저녁에 나는 아내와 비디오를 보고 있었다. 화면에는 남녀간의 은밀한 장면이 나왔다. 방안에는 어린 아들과 딸이 함께 있었기 때문에 나는 당황했다. 얼른 리모컨을 집어 필름을 빨리 돌리는 버튼을 찾았다.

그걸 보고 아들이 조용히 말했다.

"아빠, 당황하지 마세요. 곧 전화벨이 울리면서 장면이 바뀔테니까요."

"……!?"

처용아 처용아
─현대판 처용의 기구한 이야기─

여자는 한번쯤 의심해 볼 필요가 있다

서울 밝은 달에
밤 깊도록 놀고 다니다가
들어와 잠자리를 보니
다리가 넷이로구나
둘은 내 것이었고
둘은 누구의 것인가
본디 내 것이지마는
빼앗긴 것을 어찌하리.

〈처용가·處容歌〉는 대담한 신라 여인의 탈선을 고발하고 있다.

처용의 아내는 외간 남자를 끌어들여 보란듯이 정을 통

한다. 그 광경을 남편이 목격한다. 그때 처용의 심정은 어떠했을까?

만일 당신의 눈으로 당신의 아내가 외간 남자와 정을 통하고 있는 광경을 목격했다면, 과연 당신은 어떤 행동을 취할 것인가!

처용은 아내가 외간 남자와 얽혀 있는 현장을 보고도 분기 탱천하지 않았다. 심증적으로 미루어 그 심정은 형용할 수 없을 정도로 비참했겠지만, 또 피가 역류하여 참을 수가 없었겠지만, 처용은 두 사람을 죽이네 살리네를 하지는 않았다.

처용은 '빼앗긴 것을 어찌하리' 하면서 체념의 노래를 부르고 있다.

용서할 수 없는 부정을 용서한 처용의 관용은 처용무(處容舞)를 만들었고, 액막이 민속 타추희(打芻戱)를 만들었다.

처용의 슬픔은 인간의 역사가 있는 곳에서는 계속되어 왔다. 다음의 이야기는 오래 전 필자의 동네에서 있었던 실화이다.

이발사 김상운(金相雲) 씨는 현대판 처용이었다.

그의 아내는 얼굴이 제법 반반했다. 호리호리한 몸매에 콧날이 날카롭고 눈매가 강렬했다. 그런 외모처럼 성격도 냉정하여 동네 사람들과 친화하지 못했다.

김상운은 몸이 왜소하고 빈상(貧相)의 얼굴을 소유한 사나이였다. 동네 어린아이들에게는 한없이 무서웠지만, 그 아내를 비롯한 동네 어른들에게는 무시당하고 살았다.

내가 국민학교에 4학년 때까지 꼭꼭 김상운의 이발소에서 이발을 했다. 그런데 그의 이발은 서툴렀다. 그가 이발을 해 주면 마음에 들지 않아 불만이 컸다.

그래서 한번은 이웃 마을 이발소에서 이발을 하고 오는 데, 그가 나를 붙잡고 머리에다 꿀밤을 먹였다.

"왜 때려요!"

나는 항의했다.

"이놈아, 옆에 이발소를 놓고 멀리까지 가서 이발을 하라고 느그(너희) 어미가 시키더냐, 앙!"

김상운은 다시 꿀밤을 먹였다. 그때 나의 외삼촌이 그 광경을 보았다. 외삼촌을 본 순간 나는 큰소리로 울기 시작했다. 내가 울자 풍채가 당당하고 성격이 괄괄한 외삼촌은 눈을 부라리며 성큼성큼 다가왔다.

"당신, 애를 왜 때려!"

외삼촌의 호통에 김상운은 꼼짝도 못했다.

"삼촌, 저 아저씨가 무지하게 아프게 꿀밤을 먹였어. 다른 이발소에서 이발을 했다고……."

나는 일부러 더욱 서럽게 울었다. 울면서 고자질했다.

"느그 어미가 그렇게 시키더냐고 하면서 막 때렸어. 왜 죄 없는 우리 엄마를 들먹여……."

외삼촌은 누님의 일이라면 물불을 가리지 않는다. 나는 그것을 잘 알기에 외삼촌의 성질을 자극시켰다.

아니나 다를까, 외삼촌은 불처럼 화를 냈다.

"당신이 정말 그랬어? 내 누님을 들먹이면서 내 조카를 때렸어?"

"그, 그게 아니라……."

외삼촌의 서슬에 질린 김상운은 우물쭈물 변명을 하려고 했다. 그러나 나이에 비하여 몹시 영악스런 나는 그가 변명하는 것을 허락할 수 없었다. 억울하게 꿀밤을 먹은 것이 너무도 분했기 때문이었다.

"아저씨가 울 엄마를 욕했잖아요! 잡년 어쩌구 하면서."

나는 슬쩍 거짓말을 보태어 삼촌의 부아를 돋우었다.

"내, 내가 언제 그랬어?"

김상운은 팔짝 뛰었다.

"그랬잖아요!"

"이, 이놈이 사람 잡네……."

김상운이 외삼촌과 나를 번갈아 보면서 당치도 않다는 표정을 지으며 말을 더듬었을 때, 나는 악을 쓰며 없는 사실을 만들어 버렸다.

"아이가 거짓말을 하겠어! 당신, 안되겠구만."

외삼촌은 김상운의 멱살을 잡고 뺨을 힘껏 후려친 다음에 땅바닥에 패대기쳤다. 어쨌든 그날 김상운은 나의 외삼촌에게 호되게 경을 쳤다.

그런 일이 있은 후에 나는 한동안 김상운의 눈을 피해다녀야 했다. 지은 죄가 있었기 때문에.

그러던 어느 날 동네에 큰 소동이 벌어졌다.

"동네 사람들은 모든 회관 앞으로 모이시오! 좋은 구경거리가 있습니다⋯⋯."

군인에 간 김상운의 큰아들 천수가 몹시 흥분한 목소리로
방송을 하여 사람들을 모으는 것이었다.

어머니를 따라서 나도 회관 앞으로 갔다. 그런데 거기에
는 놀라운 일이 벌어지고 있었다.

김상운의 아내와 동네 아저씨가 파랗게 질려 회관 문앞에
꿇어앉아 있고, 김상운은 자기의 큰아들에게 사정없이 얻어
맞고 있는 것이었다.

"에구머니! 천수가 제 어미와 권씨를 목포에서 붙잡아
왔대요."

"눈에 보이는 것이 없는 모양이야."

"하기야, 지(제) 어미가 간통한 현장을 붙잡았으니 눈이
돌만도 하겠지. 끌끌⋯⋯."

동네 사람들은 저마다 한마디씩 했다. 김상운의 아내와
김상운의 친구인 권씨가 정을 통하여 목포로 도망을 쳤는
데, 천수가 탈영을 하여 찾아 헤매다가 그 현장을 붙잡은 것
이다.

"이 병신 같은 새끼야! 니(너)가 병신 짓을 하니까 저년
이 놀아나는 거야!"

천수는 입에 담을 수도 없는 추잡한 욕설을 하면서 자기
아버지를 때리는 것이었다.

김상운의 얼굴은 실로 비참했다. 눈퉁이는 시퍼렇게 멍이
들었고, 코피가 터져 얼굴은 온통 피범벅이 돼 있었다. 그
런 모습을 하고 아들의 주먹이 무서워 이리저리 피해다니는

모습이 한없이 불쌍하게 보였다.

"누가 좀 말려요 ! "

나는 안타까운 마음에서 소리를 쳤지만, 동네 어른들은 누구 한 사람 나서서 말리지 않았다.

천수의 새빨간 눈에서는 번쩍번쩍 불똥이 튀었다. 참으로 소름이 끼치는 무서운 눈빛이었다.

"누가 먼저 유혹했어 ? "

천수는 자기 어머니와 간부(姦夫) 권씨의 대갈통을 군화발로 제기면서 캐물었다.

"이 개같은 것들아 빨리 말해 ! "

천수의 죽일 듯한 으르릉 거림에도 두 사람은 입을 열지 않았다. 그러자 더욱 화가 치민 천수는 두 사람의 머리를 마치 공을 차는 것처럼 뻥뻥 찼다.

마침내 무지막지한 천수의 발길질을 이기지 못한 권씨가 손을 싹싹 비비면서 더듬거렸다.

"자, 잘못했네. 제, 제발, 요, 용서해 주……."

"이 새끼야 ! 개지랄 말고 누가 먼저 유혹했는지 말해."

"자네 어머니가 먼저……."

권씨는 비굴한 목소리로 말했다.

"정말이야 ? "

"저, 정말이네."

"어떻게 유혹했어 ? "

권씨가 고개를 푹 떨구고 흔들어 댔다. 그러자 천수의 군화 뒤꿈치가 사정없이 권씨의 등을 찍었다.

천수는 정말 잔인했다. 어떻게 유혹을 했는지, 맨처음 어디서 했는지, 맛은 좋았는지, 몇 번이나 했는가를 꼬치꼬치 캐물은 다음에 그 시늉까지 하게 했다.

"팔짱 껴!"

천수는 두 사람을 팔짱 끼게 하여 경찰서에 넘겼다.

그런 일이 있은 후 김상운 일가는 마을을 떠났다. 서울에 있느니 인천에 있느니 하는 풍문이 끊이지 않았다. 김상운 씨가 너그러이 마누라를 용서하고 다시 산다는, 꽤나 신빙성 있는 소문도 들렸다.

....

다리가 넷이로구나
둘은 내 것이었고
둘은 누구의 것인가

....

나는 그 소문이 사실인지 거짓인지를 확인하지 못했다.

그러나 김상운 씨가 부정한 아내의 잘못을 용서하고 다시 살고 있다고 하더라도 그리 놀라운 일은 아니라고 생각한다.

세상의 아내들은 불륜을 저지른 남편을 곧잘 용서하는데, 남편이라고 그러지 말란 법은 어디에 있겠는가!

아빠와 손님의 차이

남자란 거짓말 나라의 서민이지만
여자는 그곳의 귀족이다.
— A. 에르망 —

한달 후에 태어날 쌍둥이가 엄마 뱃속에서 도란도란 이야
기를 주고받고 있었다. 그런데 형이 문득 손가락을 입에 붙
이고 속삭였다.

"쉿, 누가 온다."

"아빠가?"

동생의 물음에 형은 고개를 저으며 이렇게 말했다.

"아니야, 손님이야. 모자를 쓰고 있잖아."

나는 비구니만 보면 웃음이 난다

언제나 신사도를 입에 담는 자는
결코 신사는 아니다.
— 사디즈 —

나는 비구니만 보면 문득 떠오르는 이야기가 있어서 실소를 참지 못한다.

광해군 때의 벼슬아치 김효성(金孝誠)은 꼭 누구처럼 여자를 좋아하기로 유명했다. 그런데 그의 부인은 질투가 무척이나 심한 여자였다. 하기는 '시앗을 보면 길 아래 돌부처도 돌아앉는다'고 했는데, 질투하지 않을 여자가 어디에 있겠는가.

어느 날 김효성이 실컷 기생집에서 놀다가 돌아오니 부인이 모시에 먹물을 들이고 있었다.

"왜 모시에 물을 들이고 있소?"

김효성이 묻자 그의 아내가 차갑게 대답했다.

"쓸 데가 있어서 그럽니다."

"쓸 데가 있다구! 어디에?"

"정녕 몰라서 묻습니까?"

아내는 핏발선 눈을 치뜨고 소리쳤다.

"무슨 뚱딴지 같은 말이오?"

김효성이 영문을 모르겠다는 표정을 지으며 역정을 냈다. 그러자 아내가 쌀쌀맞게 입을 열었다.

"당신도 생각 좀 해보시오. 바깥 양반이라는 작자는 허구한 날 계집질만 일삼고 다니는데, 집안의 마누라가 무슨 필요가 있겠소? 말이 좋아 내외간이지 지금은 웬수요 웬수! 내가 전생에 무슨 죄가 크길래 당신같은 난봉꾼을 만나 생과부처럼 세월을 보내야 한단 말이오. 이렇게 사느니 차라리 빡빡 머리 깎고 절에 들어가 중이 되는 것이 낳소."

아내는 코를 씩씩 불어가며 거칠게 모시에 붓질을 하면서 계속 말을 이었다.

"나는 결심을 했소. 먹물들인 이 모시로 승복을 지어 입고 절로 들어갈 생각입니다."

아내의 이 말은 들은 김효성은 마음속으로 흥흥흥흥 웃었다. 여자에 닳고 닳은 그가 그까짓 연극에 넘어갈 사람은 아니었다.

"그게 정말이오?"

김효성은 깜짝 놀란 척하며 언성을 높였다.

"정말이고말구요!"

아내는 자기의 결심이 몹시 군세다는 것을 보이려는 것처럼 더욱 붓질을 빨리했다.

"흐흐흐 흐흐흐흐흐 흐흐흐흐흐……."

김효성은 마치 허파에 바람든 사람처럼 크게 웃었다.

"왜 웃어요? 마누라가 중이 되겠다는데도 웃음이 나와
요?"

아내가 입술을 파르르르 떨며 고함을 치자 그가 유들거리
며 말했다.

"참 잘됐소! 정말 좋은 결심을 하신 것이오. 부인도 알다
시피 나는 원래 타고난 성질이 여자를 좋아하겠끔 타고났
소. 그래서 기생, 무당, 유부녀는 물론이고 천한 종년에 이
르기까지 모두 건드려 보았소. 그런데 아쉽게도 여승하고는
관계하지 못했소. 그 소원을 이제 부인께서 풀어 주신다니
내 어찌 기쁘지 않겠소? 어서 빨리 머리를 깎으시오. 번들
번들하도록 말이오. 여자의 머리통은 그 엉덩이와 비슷하다
고 하던데……, 어디 한번 확인해 봅시다."

"으이구! 내가 못살아!"

김효성의 아내는 붓을 내던지고 진저리를 쳤다.

나는 이 불경스런 이야기 때문에 실실 웃다가 난처한 경
우에 처한 적이 있다. 번들거리는 머리가 자꾸만 여자의 엉
덩이를 연상시키면서 웃음을 유발시키는 것이었다.

어느때인가 기차에서 젊은 비구니와 같은 자리에 앉게 되
었는데, 그 주책없는 웃음이 터졌다.

"흐흐흐……."

"처사님께서는 왜 웃으시는 겁니까? 빈도(貧道)의 얼굴에
뭐라도 묻었습니까?"

비구니는 정색을 하고 물었다.

"아, 아닙니다. 갑자기 우스운 일이 떠올라서 그러는 것이니 오해하지 마십시오."

나는 사과의 말을 하고 웃음을 참으려고 애를 썼지만 도저히 참을 수가 없었다.

"ㅎㅎㅎ ㅎㅎㅎㅎ……."

"처사님, 혼자 웃지 마시고, 그 재미있는 이야기를 빈도에게도 좀 들려주십시오."

난처한 부탁이었다. 비구니에게 어떻게 그런 이야기를 할수가 있겠는가. 나는 임기 응변을 발휘하여, 지난날 내가 웃음을 참지 못했던 경험을 슬쩍 대신했다.

"이 기차를 타기 전에 저는 신설동에서 전철을 탔습니다. 사람이 아주 많았지요. 전철에 타고 있던 사람들이 다 내리고 전철 밖의 사람들이 타는 순서였습니다. 그런데 전철 안에 있던 중년 여자 세 명이 허둥지둥 전철에 오르는 사람을 밀치고 밖으로 나왔습니다. 아마도 수다를 떠느라고 내려야할 역을 깜박했던가 봅니다."

나는 여기까지 말했을 때 다시 웃음이 터졌다. 비구니의 까까머리와 호기심에 찬 얼굴을 보면서 얘기하다보니, 비구니에 관련된 김효성의 이야기가 떠올랐던 것이다. 과연 여자의 머리통과 엉덩이는 비슷한 것일까?

"ㅎㅎ ㅎㅎㅎㅎ ㅎㅎ ㅎㅎㅎ……."

"이야기하는 사람이 먼저 웃으면 어떡합니까?"

비구니가 곱게 눈을 흘기자 나는 다시 말을 이었다.

"그런데 그 아주머니들에게 밀침을 당한 어떤 늙수그레한 사내의 말이 걸작이었습니다. 누구처럼 대머리가 홀라당(나는 '홀라당'이란 말에 유독 힘을 주면서 손으로 머리가 벗겨진 흉내를 냈다.) 벗겨진 그 남자는 눈을 휘둥그레 뜨고 소리쳤습니다. '아니, 이 중고들이 왜 이래?' 하고 말입니다."

"ㅎㅎㅎ……. 중고? 중고들이라구요? ㅎㅎㅎ……."

나의 현란한 제스처와 입담에 비구니로 배꼽을 잡고 웃었다. 하얀 치아가 무척이나 인상적인 비구니였다.

어떤 속죄

공인된 키스는
훔친 키스보다 감미롭지 못하다.
— 모파상 —

　어느 약국에서 참으로 이상한 도둑이 잡혔다. 그는 약품을 훔치다가 잡힌 것이 아니었다. 콘돔이 든 상자를 주인 몰래 살짝 진열장 속에 넣다가 잡힌 것이었다.

　약국 주인의 신고를 받고 급히 출동한 경찰은 그 사연을 듣고 어안이 벙벙했다. 식품이나 약품이라면 모종의 음모를 꾸미느라 독극물을 넣었다고 생각할 수도 있겠지만, 그 물건이 콘돔이라서 그런 추리를 불식시켰다.

　경찰은 그 사나이를 유심히 쏘아보았다. 결코 흉악한 범죄를 저지를 것같이 생긴 얼굴은 아니었다. 순박하고도 양심적인 마음을 한눈에 느낄 수 있을 만큼이나 온순한 외모를 가진 사나이였다.

　"당신은 왜 이렇게 이상한 짓을 했소?"

경찰이 묻자 사나이가 더듬거리며 대답했다.

"사, 사연이 있습죠."

"사연이 있다구?"

"네, 저는 이 동네에 사는 전직 기관사 아무개입니다. 지난해의 열차 사고로 인하여 지금은 쉬고 있는 몸입니다."

이 말에 경찰은 흠칫 놀라며 사나이를 자세히 바라보았다.

"아, 그럼 당신이 바로 그때 그 사고의 기관사인가? 우리 관내에 있다는 말은 들었는데 바로 당신이로군그래? 그런데 어째서 이런 짓을 했단 말이오?"

기관사는 눈물을 글썽거리며 대답했다.

"저는 그 사고 열차의 기관사로서 그때 무고하게 죽은 서른두 명의 생명들에게 죄스러운 마음을 금할 수가 없었습니다. 비록 천재 지변에 의한 사고였지만……. 무죄 판결은 받았지만 늘 마음이 괴로워서 속죄의 뜻으로 그만……."

경찰은 눈물을 흐리며 말하는 그 사나이의 진지한 태도를 찬찬히 바라보며 되물었다.

"속죄의 뜻으로 이런 짓을 했단 말이오."

"그렇습니다."

"허, 이해할 수가 없군요. 무슨 말인지……. 쉽게 말해 보시오."

사나이는 손등으로 눈물을 닦으며 조용히 말했다.

"네, 저는 이 약국에 있는 콘돔 서른두 개에다 바늘로 살짝 구멍을 뚫어 놓았지요."

"어, 어째서?"

"콘돔을 못 쓰게 해놓으면 그만큼 새로운 생명이 태어날 것이라고 생각했기 때문이지요."

용 꿈

그 카페의 마담은 매혹적인 여자였다. 삼십 중반의 나이인데도 처녀처럼 몸매가 잘빠진 데다가 얼굴 또한 아름다웠다. 특히 오른쪽 윗입술 위에 팥알만한 점이 하나 찍힌 것이 매력을 더하고 있었다.

내가 그녀를 만나게 된 것은 정말 우습고도 우연한 일 때문이었다.

〈사랑과 영혼〉이란 영화가 선풍적으로 관객을 동원하며 상영되고 있던 때였다. 소설가 K씨와 나는 그 영화의 첫회를 보기로 하고 종로 3가의 어느 다방에서 만나기로 약속을 했다. 번잡한 시간을 피하고 조조 할인의 혜택도 보겠다는 속셈이었다.

약속한 시간이 30분이나 지났는데도 K씨는 다방에 나타나지 않았다. 영화 상영 시간이 얼마 남지 않았기 때문에 나는 초조했다.

K씨의 집으로 전화를 해보니 나간 지가 벌써 시간 반은 되었다고 그의 아내가 말했다. 그 시간이면 서너 번도 더 약속 장소에 도착하고도 남음이 있을 시간이었다.

'이 오지랖 넓은 친구가 또…….'

나는 출입구를 살피다가 시간을 확인하다가를 반복했다.

K씨는 아는 사람이 너무 많기 때문에 '호적 계장'이란 별명이 붙은 사람이다. 함께 길을 걸으면 질릴 정도로 걸음을 멈춰야 한다. 그가 아는 사람을 만나 반갑게 인사를 하며 안부를 묻기 때문이다.

K씨는 어디서고간에 아는 사람을 만나면 세상에 다시없이 반가운 사람을 이제야 만났다는 것처럼 행동한다. 안부에서부터 시시콜콜한 이야기까지 하다보면 시간이 한없이 흐르는 것이다.

나는 K씨가 오는 도중에 또 누군가를 만나 이야기 하느라고 정신이 팔려 있을 것이라고 생각했다. 충분히 그러고도 남을 사람이었다.

영화 상영 시간이 10분쯤 남았을 때 K씨가 헐레벌떡 다방으로 들어왔다.

"미안, 오다가 아는 사람을 만났어. 빨리 가세."

K씨는 자리에 앉지도 않고 나의 팔을 끌었다.

다방을 나와 극장을 향해 급히 걸음을 옮기면서도 나는 불안했다. 혹씨 K씨가 또 아는 사람이라도 만나면 영화고

뭐고 다 틀어지기 때문이었다.

나의 이 불안은 얼마쯤 걸었을 때 불행히도 적중했다.

"어이쿠! 이게 누구십니까?"

"어머, 이게 누구십니까?"

"이게 대체 얼마만입니까?"

"죽지 않으니까 만나게 되는군요."

저쪽에서 걸어오고 있던 여자들과 딱 마주친 것이다. 키가 작고 펑펑짐한 부인과 날씬한 미모의 부인이었다. K씨의 반가움은 말할 나위가 없었고, 그 여자(펑퍼짐한 부인)의 반가움도 대단했다.

"요즘 어떻게 지내십니까?"

"네, 덕분에 잘 지내고 있습니다. 얼굴이 좋습니다. 사모님도 안녕하시지요?"

"예, 잘 있지요. 요즘들어 부쩍 살이 찌기 시작해서 문제가 심각하지요."

"흐흐흐⋯⋯. 여자가 살이 쪄야 집안이 잘된다는 말이 있잖아요."

가정사까지 이야기를 하는 것으로 보아서 무척 친밀했던 사이임에는 분명한 것 같았다. 나는 한 발짝 떨어져 슬며시 시간을 훔쳐보면서 조바심을 쳤다. 이미 영화가 시작될 시간이 지났다. 그런데도 두 사람의 이야기는 끝날 줄을 몰랐다.

"댁은 아직도 그곳이지요?"

"그렇습니다. 선생님 댁도⋯⋯?"

"예, 나도 마찬가지입니다. 오랜 세월 정들었는데 쉽게 떠날 수가 있어야지요.

나는 두 사람의 끝없은 수다를 듣고 있으려니 화가 났다. 벼르고 벼르다가 모처럼 영화를 보려고 나온 것이 허사가 되어 버린 것이다.

딱하기는 K씨와 얘기를 하고 있던 펑퍼짐한 부인과 동행한 여자도 마찬가지였다. 두 사람의 이야기가 끝나기를 기다리며 다소 짜증난 표정을 짓고 있었다.

그윽한 눈에 뾰족한 콧날, 그리고 새침하면서도 불타는 듯한 장미빛 입술이 특별히 매혹적인 여성이었다.

사람의 얼굴에서 입이나 입술은 애정, 음식물에 대한 미각, 언어 등을 표현하는 기관으로서 지극히 본능적인 감정을 나타낸다. 그래서 나는 여자의 입술을 유심히 살피는 습관이 있다.

나의 '작가 노트'(나는 이 노트에 세목별로 온갖 표현을 적어두고 있다.)에는 여성의 입술에 대한 여러 가지 표현이 적혀 있는데, 그중의 일부를 여기에 옮기면 다음과 같다.

불타는 입술·귀여운 입술·촉촉한 입술·뜨거운 입술·앵두 같은 입술·새침한 입술·후레쉬한 입술·달콤한 입술·보들보들한 입술·요정같은 입술·오동통한 입술·얇고 가냘픈 입술·두꺼운 입술·향긋한 입술·장미빛 입술·상큼한 입술·뾰루퉁한 입술·싱싱한 입술·붉은 와인같은 입술·부드러운 입술·도톰한 입술·건강한 입술·창백한 입술 등.

그 여자의 입술은 어떠한 수사를 동원하더라도 표현하기 힘든 그런 매력을 발산하고 있었다. 실로 남자의 가슴을 설레이게 하는 농염한 입술이었다.

"텔레비전 연속극 때문에 주말 저녁은 꼼짝도 할 수 없더라구요."

펑퍼짐 여사의 말이었다.

"ㅎㅎㅎ, 연속극에 빠지면 누구나 그러지요. 그런데 그 연속극에 나오는 아무개의 엉덩이가 정말 매력덩어리라고 하더군요."

K씨가 느물댔다.

"ㅎㅎㅎ……, 엉덩이하면……."

K씨와 펑퍼짐 여사의 이야기는 이제 주말 연속극이 어쩌고저쩌고 하고 있었다.

'정말 미치겠구만…….'

나는 담배를 뻑뻑 빨아대며 속으로 투덜거렸다. 사람을 옆에 세워놓고 연속극이 어쩌고 여배우 엉덩이가 저쩌구하며 노닥거리고 있는 두 사람을 패주고 싶을 정도였다.

"두 사람이 무척 절친했던 모양입니다."

나는 부글부글 끓는 마음을 애써 감추며 매혹적인 입술의 여자에게 말을 붙였다.

"아마도 그런 모양입니다."

여자가 어색하게 웃었다.

"모처럼 영화를 보려고 나왔는데 다 틀렸습니다."

"영화요?"

여자의 표정에 묘한 호기심이 서렸다. 겉모양이 멀쩡한 사람이 평일 오전에 영화를 보러 나왔다는 점이 이상하게 생각되었던 모양이었다.

"직업이 직업이라서……."

나는 겸연쩍게 웃으며 계속 말을 이었다.

"글쟁이들이라서 오전이 한가한 편이지요."

"어머, 어쩐지……! 작가시군요?"

여자는 짜장 신기하다는 표정을 지으며 반색을 했다.

"선생님의 존함은……?"

여자의 물음에 나는 명함을 꺼내어 건네며 정식으로 인사를 했다. 여자의 이름은 손(孫) 아무개라고 했다. 뭐라고 이름을 말했었는데 그 소리가 적었기 때문에 알아들을 수가 없었다.

"이제는 서로 연락 좀 하고 삽시다!"

"그럽시다!"

"정말 반갑습니다. 이렇게 만났으니 차라도 한잔 해야 하는데 동행이 있어서……."

"저도 마찬가지입니다."

K씨와 펑퍼짐 여사는 마침내 작별 인사를 나누면서도 계속 말꼬리를 이어가고 있었다. 그냥 헤어지기가 무척이나 아쉬운 모양이었다.

"늦었네, 어서 가세!"

K씨가 재촉했다. 나는 손여사에게 묵례를 보내고 K씨의 뒤를 따랐다. 이미 영화가 상영된 지 30분이 지난 후였다.

"영화는 중간부터 보아야 더 재미있어."

K씨는 나의 심기가 몹시 불편하다는 것을 알고 그렇게 말했다.

'×할 놈! 지랄하고 있네.'

나는 속으로 욕을 하며 말대꾸도 하지 않았다. 세상에 어느 영화가 중간부터가 재미있단 말인가! 말같은 소리를 씨불거려야 한바탕 쏘아 붙이기라도 할 것이 아닌가.

그런데 K씨의 다음 말은 나를 아연하게 만들었다.

"근데, 그 여자 누구지?"

"그 여자라니……?"

"방금 나와 얘기했던 그년 말이야."

"허, 그년이 누군지 자네가 알지 내가 어떻게 알아, 이 오지랖 넓은 친구야!"

"그년이 대체 누구지……?"

K씨가 꺼벙한 표정으로 기억을 더듬고 있는 것을 본 순간 나는 꾹꾹 눌러 참고 있던 화가 폭발했다. K씨는 30분이 훨씬 넘도록 별 이야기를 다하며 시시덕거렸던 평퍼짐 여사가 누구인지도 몰랐던 것이다.

어쨌든 손여사를 처음 본 것은 그때, 그 우습지도 않은 일이 있었던 때였다. 나는 K씨를 통하여 은근히 마음이 끌린 그녀의 연락처를 알 수 있으리라고 생각했었는데, 그 기대마저 와르르르 허물어졌기 때문에 더욱 화가 났다.

"그 여자는 대체 누구지? 아리송한데……."

K씨는 파리 잡아 먹은 두꺼비 모양으로 계속 눈만 말똥거

리고 있었다.

며칠 후 나는 한통의 전화를 받았다. 나를 찾는 조심스런 여자 목소리였다. 내가 본인임을 밝히자 전화 속의 여자는 말을 이었다.

"저……, 기억을 하실는지 모르겠습니다만……."

나는 직감적으로 손여사라고 생각했다. 반가움에 가슴이 쿵당쿵당 뛰었다.

"손여사님 맞지요?"

"어머, 기억을 하시고 계시는군요?"

"그럼요, 제가 어떻게 손여사님처럼 매혹적인 분을 잊을 수 있겠습니까?"

내가 들뜬 목소리로 말하자 그녀는 간드러지게 웃었다.

전화를 받은 날 밤에 나는 충무로에 있는 손여사의 카페를 찾았다. '미망인'이라는 옥호의 카페였다.

미망인(未亡人)! 남존여비의 전근대적인 사고가 만들어 낸, 싸가지 없는 말이 아니던가. 본디 남편과 함께 죽었어야 할 몸이 아직 살아 있다는 뜻을 지닌 말인 것이다. 따지고 보면 전통 사회의 우리 나라는 여자만 옭아매는 악법의 사회였다. 남편이 죽으면 그 아내가 따라서 죽어야 널리 칭송을 받았다. 그러는 것이 가문의 영광이었다. 그러기에 남편을 따라 죽지 못한 여자들에게 미망인이라는 달갑지 않은 호칭을 부여했던 것이다. 왜 죽지 않고 살아 있느냐는 질책인 것이다.

카페 미망인은 낮에는 차를 팔고 밤에는 술을 파는 곳이

었다. 옥호처럼 미망인 접대부 두셋을 두고 있었기에 과부
집이라고 하는 사람도 있었다.

나로서는 그네들이 진짜 과부인지 어쩐지는 알 수가 없었
지만, 어쨌든 한물 지난 여자들이 웃음을 팔며 손님들의 술
시중을 들었다. 그래서 미망인의 손님들은 대체로 늙수그레
했다.

"옥호가 특이하군요? 미망인이라고 한 특별한 이유가 있
습니까?"

내가 묻자 손여사는 조용히 웃으며 입을 열었다.

"별 이유는 없어요. 내가 홀몸이라서……."

"그, 그렇군요!"

나는 손여사가 임자없는 몸이라는 사실을 확인한 순간 묘
한 흥분이 전류처럼 내 몸에 퍼지는 것을 느꼈다.

그날부터 나는 카페 미망인의 단골이 되었다. 내가 술을
워낙 좋아한 탓도 있지만, 그보다는 어떤 기대감이 나의 발
길이 그곳으로 끌었다.

상대가 술집 여주인이고 미망인이므로 주저할 것이 없
었다. 오래지 않아 나는 손여사의 손목을 잡을 수 있었고 풍
만한 엉덩이까지 만지게 되었다.

"우리 뜨겁게 연애 한번 합시다."

나는 노골적으로 손여사를 유혹했다. 그녀도 나의 유혹이
그리 싫지는 않는 모양이었다. 밀폐된 룸에서 엉덩이와 젖
가슴을 만져도 그리 탓하는 내색은 보이지 않았다.

그러나 좀처럼 결정적인 찬스는 허락하지 않았다. 이리

빼고 저리 빼면서 자꾸만 나의 요구를 뒤로 미루기만 하는 것이었다.

"계속 사람 애만 태울 겁니까?"

나는 이렇게 투덜거리면서 분명히 말하라고 요구했다. 그러나 그녀는 교활하게 줄둥 말둥했다.

나는 언제부터인가 조르는 아이처럼 되어 있었고, 손여사는 달래는 입장이 되어 있었다.

"성미가 너무 급하셔! 나도 여잔데 생각할 기회를 주셔야죠. 안 그래요?"

"생각? 그 생각이 벌써 6개월입니다! 그만큼 했으면 춘향이라도 문을 열었을 것입니다."

"흐흐흐흐……, 말씀도 재미있게 잘하셔라. 저도 생각하고 있는 점이 있으니 너무 조급히 굴지 마세요."

"뭘 생각하고 있다는 게요?"

"다 아시면서……."

"쳇, 알긴 뭘 알아!"

나는 퉁명스럽게 말을 뱉았다가 다시 설득했다.

"……손여사, 지금 세계가 개방을 부르짖고 있는 때가 아닙니까? 너무 폐쇄적이어서는 살 수 없는 세상이란 말입니다. 그런데 지금 손여사는 세계의 흐름에 역행하고 있는 겁니다. 오늘 밤이라도 개방화 바람을 타세요. 문을 활짝 여는 겁니다. 그게 현대 여성이 아니겠습니까?"

나는 닥치는대로 궤변을 씨부리며 손여사의 문(?)을 열게하려고 애썼다.

개방화를 내세워 여자의 문(?)을 개방하라고 요구하는
나의 주장은 참으로 얼토당토않고 뻔뻔스럽기 그지없는 말
이 아닐 수 없었다. 그런데도 그런 억지가 남녀의 관계에서
는 통할 수도 있는 것이다.

그러나 닳고 닳은 손여사에게 그런 궤변은 통하지 않
았다.

"다음에는 정말 그냥은 돌아가지 않겠어! 각오하시오!"

나는 공갈성 엄포를 놓고 카페 미망인을 나왔다. 그녀를
어찌해 보려고 투자했던 돈과 시간이 아까워 눈물이 날 지
경이었다.

그로부터 며칠 후 나는 K씨를 만났다. 이야기 도중에 그
말이 불쑥 튀어 나왔다.

"ㅎㅎㅎ……, 고 계집에게 단단히 몸이 달았는데 헛물만
켜고 있단 말이군그래?"

K씨는 느물거리며 한 가지 제안을 했다.

"여보게! 정수동이가 도화라는 기생을 따먹은 이야기를
모르나?"

"무슨 뚱딴지 같은 말인가?"

"ㅎㅎㅎ……. 해학 속에 번쩍이는 진리가 숨어 있는 법이
야."

K씨는 그렇게 말한 후에 입담 좋게 그 이야기를 하기 시
작했다.

정수동(鄭壽銅)의 집에 하루는 국음이란 친구가 찾아왔다.

"여보게 하원, 내 딱한 사정 한번 들어 보게."

권커니 작커니 하는 동안 술이 거나하게 오른 국음이 입을 열었다. 벼르고 있던 것을 간신히 털어 놓는다는 눈치였다.

"딱한 사정? 대체 무슨 사정인가?"

"말하기도 부끄럽지만……."

국음은 술 한 잔을 단숨에 들이킨 다음에 그 사연을 말했다. 그는 도화(桃花)라는 퇴기에게 반하여 오입(誤入) 한번 하려고 무던히 애를 썼다. 오랜 세월 부인 모르게 돈을 뭉쳤다가 그 돈으로 도화의 환심을 사려고 부지런히 쫓아 다녔다. 그런데 돈만 홀라당 날리고 뜻을 이루지 못했다는 것이었다.

"헛물만 켰네. 이런 사정을 누구에게 말하겠나? 닭 쫓던 개 지붕 쳐다보는 민망한 신세를 말일세."

국음의 하소연에 정수동은 핀잔을 주었다.

"예끼, 이 친구야! 어떻게 변변치 못하게 행동했길래 밑천만 홀리고 말았단 말인가. 수단이 틀렸던 것은 아닌가?"

"아닐세. 나도 하느라고 했네. 그런데 그녀가 여간내기가 아니었다네. 그녀에게 당한 쓸개 빠진 사내들이 수두룩한 모양이야. 휴우, 내가 어쩌자고 그런 계집에게 눈이 멀어가지고……."

국음은 무한히 안타까운 모양이었다.

"반거충이들은 약은 계집에게 당하기 일쑤일세. 얼뜨기처럼……."

정수동이 이렇게 비꼬자 국음은 무엇을 생각했던지 급히
말문을 열었다.

"여보게 하원! 그런 문제에 있어서도 자네의 슬기가 통
할 수 있을까?"

"암, 두말하면 잔소리지!"

"그렇다면 우리 내기를 하세."

"내기?"

"그렇네. 자네가 한번 그 퇴기를 함락시켜 보게나."

국음의 제의에 정수동은 고개를 혼들었다.

"그게 무슨 소리야. 상대가 아무리 기생이라고 하지만 친
구가 노리던 기생을 내 상대로 하다니 말이 되나?"

정수동의 이 말에 국음은 호탕하게 웃으며 떠들었다.

"ㅎㅎㅎ……. 내가 손을 들었다는데 무슨 상관이 있어?
하원이 나의 친구라면 마땅히 농락당한 나의 원수를 갚아
주어야지. 안 그런가?"

"자네 말도 일리가 있는 것 같네."

이렇게 하여 정수동은 내기에 응했다. 지는 사람은 이긴
사람이 원하는 만큼 술을 사야 한다는 내기였다.

'천하의 정수동이 내기에 질 수야 있나!'

정수동은 무엇을 골똘히 생각한 다음 무겁고도 큼직한 괴
나리봇짐을 하나 만들었다. 그런 다음 그것을 등에 지고 다
방골 도화의 집을 찾아갔다.

"이리 오너라, 이리 오너라!"

도화는 집에 낯모르는 사람이 오는 것을 꺼렸으나, 정수

동에게 그런 것은 문제가 아니었다. 도화를 처음 본 정수동은 호탕하게 웃으면서 말했다.

"화명(花名)이 도화라고 하더니 과연 복숭아꽃처럼 화사하구나! 내 친구가 홀딱 빠질만 하네그려!"

"친구라니요?"

도화가 고개를 갸웃하며 묻자 정수동이 대답했다.

"호가 국음이라는 친구요. 그가 급히 돈을 좀 가지고 오라고 부탁해서 이렇게 왔는데, 어디를 갔는지 사처에 없구료. 여기에 오면 만날 수 있을 것 같아서 이리로 왔소."

정수동은 이렇게 말을 하면서 등에 진 괴나리봇짐을 힘겹게 벗어 바닥에 턱 놓았다. 그러자 챙그렁 소리가 육중하게 울렸다. 그 소리는 마치 많은 엽전이 부딪는 소리처럼 들렸다.

"이렇게 봇짐이 무거워서야, 원……."

정수동은 은근 슬쩍 이렇게 말하면서 도화의 표정을 살폈다. 도화는 흘끔흘끔 괴나리봇짐에 시선을 보내며 눈을 빛내고 있었다.

"여기서 그 친구를 좀 기다려도 되겠소?"

정수동의 말에 도화는 고개를 끄덕임과 동시에 빠르게 말했다.

"당연히 그러셔야죠! 애야, 어서 건넛방으로 모셔라!"

정수동은 일하는 계집아이의 도움을 받아 끙끙 힘겹게 괴나리봇짐을 들고 건넛방으로 들어갔다.

"국음이라는 어른은 한동안 여기에 매일 오시다시피 했는데 근자에 들어서는 통 오시지 않고 있어요."

"그래요? 참 이상한 일이로군! 왜 안 올까?"

정수동은 혼잣말처럼 중얼거리며 곰방대에 담배잎을 채웠다.

"그렇다면 여기서 기다릴 수도 없는 일이 아닌가?"

정수동이 이렇게 말하자 도화는 곱게 눈을 흘겼다.

"세상에 기생집에 오셨다가 약주도 안 잡수시고 가시는 법이 어디에 있겠습니까? 이쁜아, 어서 약주상 깨끗이 봐서 올려라!"

도화가 심부름하는 계집에게 술상을 차리라고 말했다. 그러자 정수동은 슬그머니 갓과 윗옷을 벗어 괴나리봇짐 위에 놓으면서도 입으로는,

"친구도 없는데 내가 오래 머물 수가 있나."

하고 번지르르한 외면치레를 하는 것을 잊지 않았다.

정수동과 도화는 술상을 가운데 놓고 마주앉아 술잔을 바쁘게 주고받았다.

"이것 참 나는 술을 잘 못하는데……."

정수동은 입으로는 연신 술을 못한다고 하면서도 널름널름 술잔을 받아 마셨다. 사실 그는 술마시는 데는 일가견이 있는 사람이었다. 한동이 술을 지고는 못 가도 마시고는 가는 주태백이었다.

그러나 가슴에 음모를 품고 있었기에 몹시 취한 사람처럼 행동했다. 밤이 이슥해지자 그는 보료 위에 콩태(太) 자로 쭉 뻗어 버렸다. 그런 다음 코까지 요란하게 골았다.

"어르신! 어르신 정신 좀 차리세요!"

도화가 아무리 흔들어 깨워도 정수동은 꿈쩍도 하지 않았다.

"할 수 없군. 이쁜아, 어서 이불을 갖다 덮어 드려라."

도화는 그렇게 말한 후에 안방으로 건너가 버렸다.

'저걸 어떻게 구워 삶나!'

도화가 안방으로 건너가자 정수동은 어둠 속에서 눈을 번쩍 떴다. 그리고 도화를 함락시킬 계책을 골똘히 생각하기 시작했다.

이러는 가운데 밤은 한없이 깊어갔고, 도화가 자고 있는 안방의 불도 꺼졌다.

정수동은 여자의 생리(生理)를 환히 꿰뚫고 있는 사람이었다. 여자가 아무리 잘난 척, 안 그런 척해도 본능적인 문제에서 자유로울 수는 없을 것이라는 것이 그의 지론이었다.

'모든 여자는 강한 남자의 보호와 사랑에 대한 갈망을 버릴 수는 없다. 그것은 본능이다. 영특하고 효성스런 아들을 간절히 원망(願望)하는 것 또한 강한 남자의 그늘 속에서 행복과 평안을 찾겠다는 본능의 표출이다. 도화도 여기에서 예외일 수는 없으리라.'

정수동은 도화의 외로움을 생각했다.

'기생은 젊고 아름다운 몸뚱이와 얼굴이 가장 큰 재산이다. 그런데 화무십일홍(花無十日紅)이요, 달도 차면 기우는 것이 만고의 진리가 아닌가. 세월의 흐름과 동시에 육체의 아름다움과 젊음을 잃게 되고, 기생이 그것을 잃으면 신세가 한없이 처량해 지는 것이다. 남편도 없고 아들도 없는 늙은 퇴기의 슬픔과 초라함을 도화도 수없이 지켜 봤을 것이다. 그러므로 서서히 시들어가는 꽃과 같은 도화는 더 늙기 전에 자신의 몸을 의탁할 영특한 자녀를 간절히 바라고 있으리라.'

정수동의 이러한 판단은 정확했다. 뜻하지 않게 낯선 남자를 건넛방에 재우게 된 도화는 마음이 한없이 울적하여 잠을 이루지 못하고 있었다.

여자의 몸으로 홀로 살고 있으니 외로움이 뼈에 사무치는 것이었다. 한창 잘나가는 기생으로 있을 때에는 매일 밤 이 남자 저 남자와 술과 가무로 어울렸기 때문에, 시간이 어떻게 흐르는 줄도 몰랐다. 그런데 기안(妓案)에서 물러나고 보니 앞이 허전하여 견딜 수가 없었다. 물론 아직도 탄력있는 육체와 아름다움을 간직하고 있음으로 해서 집적거리는 사내들은 많았다. 그러나 그들이 원하는 것은 뻔했다. 일시적인 노리개로만 생각하고 있을 뿐, 길이 돌보아 주려는 심사를 갖고 있지 않다는 것을 도화 자신이 누구보다 더 잘 알고 있었다. 그래서 남자에게 의탁하겠다는 생각을 버린지 오래였다.

"휴우, 삼신 할머니도 무심하시지. 영특한 아들은 고사하고 딸 하나도 점지해 주시지 않으시니……."

도화는 절로 터지는 한숨과 넋두리를 어찌하지 못하고 몸을 뒤척였다. 기생 시절에 그녀는 몇몇 남자들과 친하게 지내며 은근히 자식을 갖기를 원했지만, 불행히도 한번도 잉태를 못했던 것이다.

안방의 도화와 건넛방의 정수동은 서로의 시름과 생각에 잠겨 뒤척이다가 아침을 맞이했다.

"어제는 초면에 실례가 많았습니다. 술을 너무 과하게 마신 탓에 그만……."

정수동은 정말 미안하다는 표정을 지으며 도화에게 사과를 했다.

"송구하옵니다. 홀로 사는 계집의 집이라서 모든 것이 불편하셨을 것입니다."

도화도 인사치레 말을 빼먹지 않았다.

아침을 얻어 먹은 정수동은 의관을 정제하고 도화의 집을 나섰다.

"그러면 오늘 고향으로 내려가십니까?"

도화가 묻자 정수동은 난색을 하고 어눌하게 말했다.

"그래야 하는데……, 그러나 국음이라는 친구를 만나야 돈을 전해줄 텐데 걱정이오. 조금 더 그 친구를 찾아보다가 없으면 그냥 돌아가는 수밖에 없겠지요. 어쨌든 뜻밖에 신세가 많았소."

정수동은 이 말을 남기고 총총 도화의 눈에서 사라졌다.

"시원시원한 사나이로다!"

도화는 정수동의 늠름한 모습이 눈에서 완전히 사라질 때까지 대문 밖에 서 있다가 집으로 들어왔다.

그리고 건넛방을 치우려고 문을 열었다가 깜짝 놀랐다.

"에구머니! 그 양반이 괴나리봇짐을 두고 가셨네. 아직 멀리 가지는 않았을 것이니……."

도화는 재빨리 심부름하는 아이를 불러 정수동을 찾아보라고 했다. 이쁜이가 쪼르르르 대문 밖으로 나가 사방을 두루 살폈으나 정수동의 종적을 알 수가 없었다.

"빠르기도 하셔라! 그러나 괴나리봇짐 속에 큰돈이 들었으니 틀림없이 찾으러 오실 게다. 벽장 속에 잘 간직해 두거라."

하루가 지나고 이틀이 지났다. 거기에서 또 사흘이 더 지났는데도 정수동은 코빼기도 보이지 않는 것이었다.

"이상한 양반도 다 보겠구나. 큰돈이 든 봇짐을 두고 가신 지가 벌써 닷새나 됐는데도 찾으러 오지를 않는구나. 무슨 일이 생긴 것이 아닐까?"

도화는 정수동이 봇짐을 찾으러 오리라고 기대했다. 그러나 며칠이 지나도록 오지 않자 자연히 궁금증이 쌓이는 것이었다.

'벌써 시골로 내려가 버린 것이나 아닐지 몰라!'

도화는 이런 생각을 하면서 이부자리를 펴고 잠자리에 들었다. 그런데 바로 그때, 몹시 늦은 시간인데도 불구하고 누군가가 요란스럽게 대문을 두드리며 소리치는 것이었다.

"이리 오너라, 이리 오너라!"

도화는 그 목소리의 주인공이 봇짐을 놓고 간 사람임을 알고 신을 거꾸로 끌다싶이 하면서 나가서 대문을 열었다.

"내, 내 봇짐! 어, 어서!"

정수동은 도화를 보기가 무섭게 황망히 봇짐을 내달라는 것이었다.

"그렇잖아도 많이 기다렸어요."

도화가 방긋 웃으면서 정수동을 유심히 살폈다. 몹시 이상했다. 그 시골 선비는 한 손으로 자기의 입을 틀어 막고서는, 다른 한 손으로는 봇짐을 빨리 달라는 시늉을 하고 있는 것이었다.

"아니, 어르신! 왜 그러십니까?"

도화가 눈을 크게 뜨고 놀란 소리로 물었다. 그래도 정수동은 봇짐을 내놓으라는 시늉만을 계속했다.

"갑자기 벙어리가 되셨나! 답답하니 제발 말씀 좀 하세요!"

"아, 안돼! 요, 용꾸……."

"안돼 용꾸라니요? 용꾸가 뭐예요? 그게 무슨 말씀이시냐구요?"

도화는 더욱 호기심이 동하여 견딜 수가 없을 지경이었다.

"내, 내가 요, 용꿈을……."

정수동은 이런 말을 한 후에 아차! 하는 모양으로 한 팔을 크게 저으면서,

"말하면 안돼!"

하면서 다시 한 손으로 자기의 입을 틀어막았다.

"요, 용! 어서 내 마누라에게……. 저, 절대로 말하면 안돼. 비, 비밀……."

정수동은 계속 봇짐을 내놓으라고 손짓 발짓을 다 하면서도 더듬더듬 할말은 다했다.

'옳아, 그러니까 이 양반이…….'

도화는 정수동의 황망한 말투와 다급한 행동에서 모든 것을 짐작할 수 있었다.

'ㅎㅎㅎ, 이 양반이 귀한 아들을 낳을 용꿈을 꾼 것이렷다. 그래서 급히 봇짐을 찾아가지고 가서 자기 마누라한테 가서 잉태를 시키려는 것이렷다. 그렇다면…….'

도화는 생각이 여기에 미치자 부쩍 욕심이 났다. 용이 현몽한 그 신령스런 아들을 자신이 갖고 싶었다. 그래서 눈을 빛내며 와락 정수동의 허리를 두 팔로 감았다.

"어르신, 나도 여잡니다. 가까운 곳에 여자를 두고 어찌 먼 곳으로 가시려 하십니까? 못 갑니다, 절대로 못 가십니다!"

도화는 젖먹던 힘까지 짜내어 정수동을 안방으로 끌었다.

"아, 안돼! 내, 내 마누라가 요, 용꿈을……."

정수동은 이렇게 소리치며 끌려가지 않으려고 버텼다. 그러나 버티는 척하면서도 중문을 넘어서서 안마루로, 안마루에서 안방으로, 안방에서 이부자리 속으로 끌려 들어갔다.

"어이쿠! 이 일을 어쩌나! 이러다간 꼼짝없이 용꿈을 빼앗기고 말겠어."

이불 속에 들어간 정수동은 안타깝게 소리치며 발버둥거렸다. 그 모습을 본 도화는 틈을 주면 정수동을 놓칠세라 가슴을 졸이면서 재빨리 정수동의 옷을 벗기기 시작했다.

"안돼! 정말 안된단 말이야!"

정수동은 입으로는 계속 안된다고 말하면서도 도화가 옷을 벗기기 쉽도록 등을 뒤틀거나 팔을 뻗거나 하는 몸짓을 취해 주었다. 바지를 벗길 때는 엉덩이까지 들어 주었다.

"정말 안되는데……."

정수동은 도화의 풍만한 몸뚱이를 와락 끌어 안으면서 속으로 이렇게 중얼거렸다.

"ㅎㅎㅎㅎ, 어때 국음아! 내가 용꿈을 꾸었지? ㅎㅎㅎ ㅎㅎㅎ ㅎㅎㅎㅎ……."

K씨는 이런 이야기를 하고서는 나도 그런 수단을 강구해 보라고 했다.

"예끼, 이 사람아! 그따위 방법이 어떻게 오늘날 통할 수 있단 말인가!"

나는 한마디로 K씨의 말을 일축했다.

"ㅎㅎ……, 밑져야 본전 아닌가? 정수동의 수단을 잘만 응용하면 일이 잘될 것도 같지 않나?"

K씨의 계속되는 부추김에 나는 조금씩 흔들렸다. 어찌 생각하면 그 엉뚱한 방법이 통할 것 같기도 했다. 강한 남자를 원하는 것, 영특한 자녀를 갖고자 하는 것은 여자의 본능이기 때문에.

며칠을 벼르다가 나는 어느 날 저녁에 미망인을 찾아 갔다.

"어머, 선생님! 왜 요즘 들어 통 오시지 않았어요?"

손여사가 반갑게 맞이했다.

"몰라서 물어요!"

나는 퉁명스럽게 쏘아붙이고 술과 안주를 주문했다.

"오늘은 그냥 돌아가지 않겠어. 각오하라구!"

나는 엄포를 펑펑 쏘며 양주를 연거푸 몇 잔 들이켰다. 그
런 다음 몹시 취한 사람처럼 그대로 곯아떨어져 버렸다.

"어머머! 오늘은 왜 이러셔? 정신 차리세요, 선생님!"

손여사가 막 흔들어 깨웠지만 나는 취한 척했다. 취해 곯
아떨어진 후 깨어나지 않아야 일이 되기 때문에, 나는 한사
코 눈을 뜨지 않았다.

"선생님, 보기에 흉하니 어서 눈을 뜨세요. 정 취하신다
면 가게에서 이러지 마시고 잠시 방으로 들어가 눈을 붙이
세요."

나를 깨우다가 지친 손여사가 방으로 들어가 눈을 붙이라
고 했다. 주방 옆에 붙은 방은 접대부들이 화장을 하거나 옷
을 갈아 입는 좁은 방이었다.

"응, 그래야겠어. 너무 취해서 도저히 걸을 수가 없어."

나는 이렇게 중얼거리면서 방으로 들어갔다. 계획의 일단
계는 성공이었다. 정신없이 곯아떨어진 척하며 문 닫을 시
간까지 기다리는 것이다.

'ㅎㅎㅎ……, 두드려라! 그러면 열릴 것이다!'

나는 적군의 요새 공격을 앞둔 장군처럼 계획을 하나하나
점검했다. 취했다는 핑계로 끝까지 버틴 다음, 결정적인 순
간에 멋있게 조커(joker)를 내미는 것이다.

시간은 10시를 조금 넘어서고 있었다. 영업이 끝나려면 아직도 2시간이나 남았다.

시간이 멀었기 때문에 한숨 붙이려고 했지만 잠이 오지 않았다. 지루한 시간이었다. 시간은 거북이처럼 엉금엉금 흘렀다.

나는 눈을 말똥말똥 뜨고 있다가도 발소리가 나면 재빨리 눈을 감고 드르릉드르릉 코를 골았다. 그러다가 깜박 잠이 들었는데 누군가가 나를 흔들어 깨웠다.

"선생님, 영업 끝났어요. 어서 눈을 뜨세요."

손여사의 목소리였다. 영업이 끝났다는 말을 듣고 슬그머니 눈을 뜨고 시계를 보니 과연 자정이 조금 지난 시간이었다.

"헉! 며, 몇시야? 요, 용꾸……."

나는 황망히 자리에서 일어서 몹시 놀란 시늉을 했다. 그와 동시에 몹시 중요한 비밀을 말해 버린 사람처럼 화들짝 놀라며 한 손으로 입을 틀어막았다.

"어, 어서! 요, 용꾸! 아차, 말하면 안돼! 내 마누라……!"

나는 손짓 발짓으로 어서 나의 가방과 옷을 달라는 시늉을 했다.

"아니, 갑자기 왜 그러세요?"

손여사가 눈을 휘둥그레 뜨고 나를 보았다.

'ㅎㅎㅎ, 놀랐을 것이다. 그대가 놀라라고 내가 이런 쇼를 하고 있으니까.'

　나는 계획대로 일이 착착 진행되고 있었기 때문에 내심으로 쾌재를 부르면서 더욱 서둘렀다.

　"어, 어서! 내가 요, 용꿈. 내 마누라에게. 앗, 말하면 안돼!"

　"어머나, 선생님!"

　손여사는 손뼉까지 치면서,

　"용꿈을 꾸셨군요? 맞죠?"

하고 반색을 하는 것이었다.

　나는 들켰다는 사람처럼 아쉬운 표정을 지으며 힘없이 고개를 끄덕였다. 그러면서 생각했다. 틀림없이 그녀가 이야기 속의 도화처럼 행동할 것이라고.

　'ㅎㅎㅎ……, 이젠 내가 그대의 마음을 태워줄 차례다!'

　나는 은근슬쩍 손여사의 눈치를 살피며 급히 윗옷을 입으려고 했다. 그런데 손여사는 가만히 보고만 있는 것이 아닌가.

　'이상하다. 여기에서 나를 붙잡을 차례인데…….'

　나는 너무 급하게 서두느라 옷을 제대로 입지 못하는 사람처럼 행동하면서 손여사가 붙잡아 주기를 간절히 기다렸다.

　"뭐가 그리도 급해요?"

　손여사는 그렇게 말하면서 내게 바싹 다가왔다.

　'그러면 그렇지!'

　나는 속으로 안도의 한숨을 쉬면서도 입으로는,

　"난, 마누라한테 꼭 가야하는데……."

하고 말하면서 옷을 입으려 했다.

"흥흥흥……."

손여사는 싸늘하게 웃으면서 말했다.

"붙잡지 않을테니 염려 마세요. 제가 옷을 입혀 드릴테니 어서 가서 사모님을 안아 주시든가 복권을 사든가를 하세요."

"뭐라구? 마누라를 안든지, 복권을 사라구?"

나는 깜짝 놀라 엉거주춤하며 소리쳤다.

"선생님, 용꿈을 꾸었다고 사람이 그렇게 달라지실 수가 있어요?"

손여사는 갑자기 안색을 바꾸면서 차갑게 말을 이었다.

"나는 오늘 선생님께 크게 실망했어요. 오늘 밤 나는 선생님께 모든 것을 맡기려고 생각했단 말예요. 그런데……."

"나에게 모든 것을……?"

"그래요. 그런데 지금에야 선생님의 본 마음을 알았어요. 용꿈을 꾸자마자 사모님께 가려고 허둥대는 그 모습……, 정말 정나미가 떨어져요. 가세요, 어서!"

손여사는 나를 밀어냈다.

"요, 용꿈인데도?"

나는 밀려나지 않으려고 한사코 버티면서 용꿈, 용꿈을 강조했다.

"용꿈인지 개꿈인지 나하고는 상관없어요!"

손여사는 더욱 세차게 나의 등을 밀었다.

"무지무지하게 큰 황룡을 보았다니까."

내가 애처롭게 용꿈을 부르짓으며 소리쳤지만 그녀는 조
금도 동요하지 않았다.

아아, 차라리 용꿈을 말하지 않았더라면…….

그곳에 가면 추억이 생각나요

우아함이 없는 아름다움은 미끼없는 낚시바늘이다.
— 호운 —

"춘화야! 손님왔다."

포주가 집안을 휘젓고 다니며 춘화를 찾았다. 한낮에 단골 손님이 춘화라는 이름의 창녀를 찾아왔던 것이다.

"병원에 갔어요."

사팔뜨기 창녀의 이 말에 포주는 눈이 휘둥그레지며 급히 물었다.

"아니, 병원이라니! 어디가 아파서?"

"아파서 병원에 간 것은 아녜요."

"그러면……?"

"그냥 치과의 대기실에 가서 잠시 울다가 올 거예요."

"치과의 대기실에서 잠시 울다니……, 대체 그게 무슨 말이냐?"

포주는 영문을 모르겠다는 표정으로 사팔뜨기 창녀를 보았다. 사팔뜨기 창녀는 담배 한대를 피워 물고 말했다.

"난들 그 이유를 알겠어요? 춘화가 그러는데 치과에 가면 자기를 사랑해준 첫사랑의 남자를 회상하게 된다고 하더군요. 정말 이상한 얘예요."

"첫사랑의 남자를 회상한다고? 그 남자가 치과 의사였나?"

"아녜요! 치과의사가 손님들에게 입을 벌리게 할 때 '자, 크게 벌려요. 조금도 아프지 않아요. 그러니 걱정 말고 어서……' 어쩌구 하잖아요. 춘화는 그 소리에서 첫사랑의 남자를 생각한다는군요."

"흥, 흥흥흥……, 정말 여러 가지구나……."

포주는 비웃으며 끌끌 혀를 찼다.

5
세상은 요지경

궁금증은 참기 힘들어

여자의 마음을 움직이는 세 가지 요소는
이해와 쾌락과 허영심이다.
―디드로―

신혼 부부가 첫 아이를 임신했다.

"아들일까, 딸일까?"

남편은 아내의 배에 귀를 대고 물었다.

"글쎄요, 나는 왠지 딸이라는 생각이 들어요."

아내가 말하자 남편은 싱글거리며 고개를 저었다.

"아냐, 아들일거야! 나는 틀림없이 아들일 거라는 생각이 들어."

"그래요?"

아내는 남편의 확신에 찬 말을 듣고 장난스럽게 웃었다.

"그렇다면 좋아요. 우리 내기를 할까요? 아들인지 딸인지."

남편도 웃으면서 즉시 응했다.

"좋아! 돈을 걸도록 하지. 10만원 어때?"

"10만원이요? 그 돈이면 화장품 두세 가지는 살 수 있겠네요. 좋아요!"

"ㅎㅎㅎ……, 이번 내기에서는 내가 틀림없이 이길 것이니까, 당신은 김칫국부터 마시지 마. 그 돈으로 뭘하나! 경마를 할가 빠찡꼬를 할까……."

"에계계, 내 할말 사돈이 한다더니 당신을 두고 한 말이었군요. 좋아하지 마세요, 그 돈 10만원은 내 것이나 마찬가지니까요."

"그래? 두고 보면 알겠지."

부부는 서로 자기의 판단이 옳다고 한사코 우겨댔다.

"여보, 결과가 정말 궁금하지요?"

"그래, 궁금하군."

그러자 아내가 눈을 빛내며 빠르게 말했다.

"여보, 이렇게 궁금한데 내일 유산시켜 볼까요?"

중놈이 무엇하고 상제가 경친다

청년 시절의 불장난은
노인 시절의 화근이 된다.

옛날 충청도 홍주 고을에 사는 학식이 있고 점잖은 한 선비가 조부상(祖父喪)을 당했다. 그런데 급한 볼 일이 있어 방 갓을 쓰고 길을 떠났다가 그만 도중에서 억수같이 쏟아지는 비를 만났다.

냇가를 건너야만 하는데 물이 엄청나게 불어났기 때문에 도무지 건널 수가 없었다. 게다가 날마저 저물고 있었다.

"낭패로다!"

상제는 하는 수 없이 주막에서 하룻밤을 자게 되었다. 그런데 비가 쏟아지는 관계로 주막에는 손님이 몹시 들끓었다. 방이 턱없이 부족하여 모르는 사람끼리 함께 방을 써야만 했다.

상제는 어느 젊은 중과 한방을 썼다. 며칠 동안을 상을 치

누르라 몹시 피곤했기 때문에 눕자마자 곯아떨어졌다.

밤이 깊었을 때 여사당패(女寺堂牌) 한무리가 비를 피하여 주막에 들었다. 원래 여사당패는 불문(佛門)에의 헌신적 봉사 및 염불에만 전심할 목적으로 조직된 단체였다. 그런데 차츰 타락하여 연예(演藝)도 하고 웃음을 팔기도 하면서 방방 곡곡을 떠돌고 있는 것이었다.

주막의 방이 꽉 찼기 때문에 여사당패는 발을 동동거렸다. 깊은 밤 비마저 쏟아지는데, 다른 주막을 찾을 수도 없었다.

그래서 여사당패는 아무 방에서나 끼여들어 자기로 하고 제각기 방을 찾아들었다. 그중의 한 여사당이 상제와 중이 잠든 방으로 들어갔다. 상제는 윗목에서 새우처럼 잠들어 있고, 중은 아랫목에서 콩태(太) 자로 잠들어 있었다.

예사로 몸을 팔던 여사당이라서 남자들이 잠들어 있는 방에 들어와서도 아무 거리낌이 없었다. 여사당은 상제와 중의 중간에 큰대(大) 자로 편하게 누웠다.

그런데 한밤중의 잠결에 취해 있는데, 누가 몸을 더듬는 것이었다. 어둠 속에서 손을 뻗쳐 그 사나이의 머리를 더듬어 보니 두건(頭巾)을 썼다. 그녀는 중이 아니라는 것만을 확인하고 몸을 허락했다.

날이 밝았다. 이미 비는 그쳐 있었다. 갈 길이 바쁜 상제는 급히 여장을 수습하여 방을 나가려고 했다.

그러자 여사당이 재빨리 상제를 가로막고 소리쳤다.

"여보십시오. 간밤에 여자를 데리고 재미를 보았으면 해웃값을 주셔야 할 게 아닙니까?"

"해, 해웃값이라니……?"

상제는 도무지 모르는 일이었다. 얼굴을 붉히며 밖으로 나오려는 것조차 수치스럽게 생각했기 때문이었다.

"이놈, 나쁜 놈아! 해웃값을 주기 전에는 못 간다. 공짜로 나를 데리고 놀았단 말이냐, 앙!"

여사당이 상제의 옷자락을 붙잡고 소리를 질러대기 시작했다. 그 바람에 주막에 묵은 사람들이 우르르 모여들었다.

"왜 그러시오?"

손님 중의 한 사람이 묻자 여사당이 큰소리로 떠들었다.

"이 사람이 어젯밤에 나를 건드렸소. 그런데 해웃값을 떼어 먹고 도망가려는 것이 아니겠습니까!"

"허어, 재미를 봤으면 돈을 줘야지. 상중에 있는 사람이 재미를 보고도 뻔뻔하기 그지 없네그려!"

"여보시오! 어서 해웃값을 주도록 하시오. 여사당이 오죽 했으면 당신에게 몸을 팔았겠소."

주막의 손님들도 여사당의 말만 듣고 상제를 막 나무랐다.

상제는 영문도 모르면서 꼼짝없이 치욕스런 봉변을 당해야 했다. 진지한 얼굴과 조용한 소리로 자기의 결백을 주장했지만 닳고 닳은 여사당의 악다구니를 당할 수가 없었다.

"허어, 허어, 허어……!"

상제는 기가 막혀 말조차 할 수가 없었다. 더이상의 수모

를 당하기가 뭣하여 해웃값을 물어 주고 도망치듯 그곳을
떠났다.

"이 치욕, 이 수치를 어떻게 씻을 수 있단 말인가!"

그 길로 집으로 돌아온 상제는 머리를 싸매고 드러누
웠다. 그 엉뚱한 수모가 분하고 억울하여 밥을 먹을 수도,
잠을 이룰 수도 없었다.

"아버지, 소자가 모르기는 해도 무슨 큰 고민이 있으신 것
같습니다."

상제의 아들은 아버지에게 무슨 일이 있음을 직감으로 알
아차리고 간절하게 그 연유를 물었다. 아버지는 구들장이
꺼져라 하고 한숨을 내쉰 후에 자초지종을 말했다.

"얘야, 내가 상(喪) 중이라 집에서도 각별히 몸을 삼가고
있는데, 그런 망신을 당했으니 어떻게 낯을 들고 살겠느
냐?"

아버지가 수모를 당한 사연을 듣고 보니 아들도 억울한
생각이 들었다. 아버지의 인품은 어느 누구보다 그 아들이
잘 알고 있는 터였다.

'음, 아들된 도리로써 아버지의 억울함을 풀어드려야
한다!'

아들은 어떻게 해서든 아버지의 결백을 증명해줄 생각으
로 그 주막을 찾아갔다. 이리 묻고 저리 물어 그날 한방에서
잔 여사당과 중의 행방을 알아낸 다음 관가에 고발했다.

"허, 괴상 망측한 송사(訟事)로다."

원님은 그 사건에 관련된 세 사람을 불러서 신문을 했다.

이 말을 들으면 이 말이 옳은 것 같고, 저 말을 들으면 저
말이 그럴듯했다. 상제는 두건을 쓴 선비가 어떻게 여자를
상관할 수 있겠느냐고 억울함을 호소했다. 중은 금욕을 첫
째의 금기로 삼고 있는데 천한 여사당으로 인하여 파계를
하겠느냐고 몹시 언성을 높였다.

상제와 중은 설득력있게 자기들의 결백을 주장한 반면에
여사당은 게거품을 물고 떠들었다. 분명히 당했다는 것이
었다. 어둔 밤이라, 얼굴은 확인할 수 없었지만 두건을 쓴
상제가 분명하다는 것이었다.

원님은 난처하기 짝이 없었다. 사건이 사건인지라 진실을
확인할 방도가 없었다.

여사당이 당하지 않았으면서도 당했다고 억지떼를 쓸 수
도 있다는 점을 전혀 배제할 수도 없었다.

30년간 수도하여 득도하였다는 지족 선사(知足禪師)도 황진
에게 홀려 파계를 했다. 또한 여성으로 인하여 중들이 파계
한 경우가 수두룩하기 때문에 중도 의심스러웠다.

선비가 아무리 도덕 군자라고 해도 한밤중의 일이니, 과
연 그의 말대로 아무 일이 없었다고 믿기 어려운 것이었다.

의심을 하자니 세 사람이 다 의심스러웠다. 원님은 며칠
간이 일로 머리를 앓다가 마침내 좋은 계책을 생각했다.

"흥흥흥……. 그 방법이라면……."

다음날 아침, 원님은 동헌 뜰의 한구석에 구멍이 세 개가
뚫린 홑이불을 치게 하고, 소도둑놈처럼 우락부락하게 생긴
사령에게 칼을 갈게 했다. 그런 다음 세 사람을 불렀다.

피의자 세 사람은 동헌 뜰에 꿇어 앉아 괴상한 광경에 어리둥절했다. 삭삭삭삭 칼을 가는 소리가 절로 소름을 끼치게 했다. 칼을 가는 사령은 퉁방울눈을 굴리며 힐끔힐끔 세 사람을 번갈아 보면서 음흉하게 웃었다.

햇빛에 반사되어 번쩍이는 칼날, 삭삭삭삭 칼 가는 소리, 퉁방울눈 사령의 음흉한 웃음, 원님의 위엄이 복합되어 기기묘묘한 공포 분위기를 조성하고 있었다.

세 사람의 피의자가 파랗게 질리기 시작했을 때, 원님은 근엄하게 말했다.

"듣거라! 나는 남 모르게 그 짓을 한 사람의 물건을 금방 가려내는 혜안(慧眼)을 가지고 있다. 흐음! 또한 하지도 않았으면서 했다고 거짓을 고해하면, 그 물건도 한눈에 알 수 있다. 이제부터 그 물건을 조사할 것이니, 저쪽에 쳐놓은 홑이불 뒤에 가서 뚫린 구멍에 너희들의 물건은 내밀렷. 범인으로 판명된 물건은 단칼에 베거나 도려내리라!"

원님의 이 말에 여사당이 울상이 되어 아뢰었다.

"사또님! 남정네들이야 쏙 내놓으면 되겠지만, 저는 어떻게 합니까?"

"흐음, 엉덩이를 힘껏 집어넣고 허리를 뒤로 젖히면 되느니라."

원님의 명령대로 세 사람은 홑이불 뒤로 가서 물건들을 구멍으로 내밀었다. 여사당의 물건은 특색이 있으므로 누구나 알 수 있었다. 나무가 잘 자라지 않는 민둥산 계곡처럼 가난한 모양을 하고 살짝 구멍으로 나왔다.

그러나 상제와 중은 남자인 관계로 어느 것이 누구 것인지는 알 수가 없었다.

원님은 헛기침을 계속 토하면서 그쪽으로 천천히 걸어갔다. 기상천외한 구경거리를 가까이에서 보려고 사람들이 우르르르 원님의 뒤를 따랐다.

"저 물건은 참말로 이상하게 생겼군그래? 왜 저렇게 숲이 자라지 않았지?"

"이 사람아! 손님이 쉴새없이 들락거리는데 숲이 자랄 수가 있겠나."

"ㅎㅎㅎ, 그럴듯한 말일세."

구경꾼들이 여사당의 그것을 보고 이렇게 속삭였다.

"모두들 조용히 하렷다!"

원님은 구경꾼들의 소란을 잠재우고 세 사람의 물건을 유심히 살폈다. 숨막히는 침묵이 잠시 흘렀다. 그러다가 벼락 치는 소리로,

"이놈을 내리쳐라!"

하고 호령했다. 그 순간 셋 중의 한 물건이 번개처럼 구멍 속으로 쏙 들어갔다. 도둑이 제발 저리다, 라는 말처럼 지은 죄가 있기에 엉겁결에 물건을 뺐던 것이다.

"물건을 뺀 놈은 당장 앞으로 나오렷다!"

원님의 지엄한 명령에 중이 파랗게 질려 바들바들 떨면서 홑이불 뒤에서 어적거리며 나왔다.

"네 이놈! 중놈이 그짓을 하고서 어쩌자고 상제의 얼굴에 똥칠을 했단 말이냐! 괘씸한 놈이로다. 어서 이실직고

하렷다!"

"사, 사또! 소승이 죽을 죄를 졌습니다. 중의 신분으로 그것을 하려고 하면 여자가 말을 듣지 않을 것만 같아서 상제의 두건을 쓰고 했습니다. 하오나 사또! 여자의 잘못도 큽니다. 한밤중에 남자가 자는 방에 여자가 겁도 없이 제 발로 걸어와서 쿨쿨 자는데, 세상에 어느 남자가 끓어오르는 정욕을 참을 수 있겠습니까? 정상을 참작하여 선처하여 주십시오."

사또는 중의 말도 일리가 있다고 생각했다. 정상을 참작하여 볼기 80대를 쳐서 내보냈다.

이런 일이 있고부터 '중놈이 무엇하고 상제가 경친다'라는 말이 생겼다.

범인 색출

가장 짧은 쾌락은 가장 달콤하다.
― 파커 ―

어느 대학교 앞에서 하숙을 치고 있던 주인 아주머니는 귀여운 용모의 애교가 넘치는 여자였다. 항상 웃는 얼굴로 하숙생들을 대했고, 그래서 하숙생들은 그녀를 누님처럼 친밀하게 따랐다.

마음씨 좋은 여자는 화냥년 소리를 듣는다던가? 잘 웃는 여자의 주변에는 괜히 마음을 설레고 있는 남자가 꼭 있다던가?

알쏭달쏭한 말이지만 전혀 근거가 없는 말은 아니리라. 어느 날 깊은 밤에 정전이 되었다. 이 틈에 누군가가 하숙집 아주머니를 겁탈했다.

'누굴까?'

하숙집 아주머니는 곰곰이 생각했다. 하숙생은 모두 21명

의 남학생인데, 도무지 짐작이 가지 않았다. 이 학생을 의심
하면 이 학생인 것 같았고, 저 학생을 생각하면 저 학생이
범인처럼 생각되었다.

'그렇다면 방법이 있지……!'

하숙집 아주머니는 범인을 찾기 위한 은밀한 작전을 개시
했다.

3주일 후, 하숙집 여자는 눈을 빛내며 남편에게 속삭
였다.

"여보, 드디어 알았어요. 그날 밤의 범인이 누군지."

"누구야? 그 못된 놈이."

"20호실의 K학생이었어요."

"뭐라구? 그 레슬링 선수?"

"그래요. 그레코로만형을 하던 그 실력으로 나를 ……."

"그런데 그걸 어떻게 알았어?"

남편의 물음에 아내가 수줍게 얼굴을 붉히며 대답했다.

"하도 궁금하길래 한 사람 한 사람 차례로 실험해 봤어
요."

호색은 인간의 상정이다 ②

여자는 여성 본래의 자태로서
남자 앞에 섰을 때 남자를 위한 일체의 것이 될 수 있다.
그러나 지나친 자유의 여성으로서 존재할 때는
남자의 장난감에 지나지 않는다.
― 덴마크 명언 ―

조선 제9대 임금 성종(成宗)은 '호색(好色)이 인간의 상정'이라 말했다. 그리고 그 자신도 호색가로서 많은 이야기를 남겼다. 폭군 연산(燕山)의 비극은, 그 아버지 성종의 호색에서 비롯되었다고 해도 과언이 아니다.

모두가 알고 있는 사실이지만, 연산군이 폭군의 길을 걷게 된 원인은 생모인 폐비 윤씨의 비극적인 최후를 알면서부터이다.

성종 자신이 호색을 좋아했기 때문인지는 모르지만 사내들의 방종에는 관대했다.

그러나 여자들에게는 달랐다. 여자의 본능, 즉 여자의 성(性)만은 철저히 통제했다.

그 실례가 문헌상에 잘 나타나 있다. 성종 때 과부의 개가 문제가 논의되어 찬성하는 쪽과 반대하는 쪽이 팽팽히 맞서 갑론을박했다.

개가 반대론자들은 절의(節義)를 내세우며 반대했다. 충신은 두 임금을 섬기지 않으며, 열녀는 두 남편을 섬기지 않는다는 논리였다.

이에 맞선 개가 찬성론자들은 '식욕과 색욕은 인간의 본성'이라고 갈파한 맹자(孟子)의 말을 앞세우며, 자연 섭리를 인정으로 막을 수 없다고 주창했다.

처음부터 개가 찬성론자들의 논리가 우세했다. 단지 여자라는 이유 때문에 본능을 억제하고 살아야 한다는 것은 너무 가혹한 일이라는 주장이 설득력을 가졌던 것이다.

이 문제는 임금(성종)의 결정만 남아 있게 되었다. 왕명이 곧 법인 사회였다. 때문에 임금의 생각 여하에 따라 차후 조선 여성의 운명이 바뀌게 될 역사적인 순간이었다.

임금은 마침내 결단을 내렸다.

"여인의 절개는 생명과도 같다. 설혹 일찍 과부가 된 여인이 의지할 데 없어 굶어죽는다 하더라도 이는 작은 일에 지나지 않는다. 그러나 절개를 잃고 개가를 한다면 이는 중대한 일이다. 그러니 나라가 법을 세워 마땅히 이런 중대한 일을 다스리지 않을 수 없다."

이 한마디 이후 우리 나라 여성의 본능은 철저히 억압당했다. 이때부터 일부종신(一夫終身)하지 못하는 여자는 죽일 죄인이 되어 버렸다.

나라에서는 죽자꾸나하고 본능을 외면하다 죽은 여성을

열녀(烈女)라는 당의정(糖衣錠)을 입혀 칭송했고, 특별히 열녀문 또는 열녀비를 세워 여성들을 세뇌시켰다.

또한 이때부터 미망인(未亡人)이란 말이 쓰이기 시작했다. 남편과 함께 죽었어야 할 몸이 아직 살아 있다는 뜻을 지닌 치욕의 말이다.

죽음으로 본능을 외면하지 못한 여인들에 대한 형벌은 무서웠다. 가문의 여인 중에 누군가가 간통을 했다 하면 최고의 수치로 여겼기에 용서하지 않았다. 직접 또는 사람을 시켜서 죽여도 좋았다. 간통한 여인이 아내이거나 누이동생이거나를 가리지 않고 엄벌에 처했다. 심지어는 어머니까지도 아들이 단죄했다.

간통한 자의 단죄는 타인이라도 무방했다. 마을 사람들이 간통한 남녀를 잡아다가 조리돌렸다.

조리돌림이란 전통 사회의 사회적 규범을 위배한 사람에게 가해졌던 형벌의 일종인데, 특히 간음한 여인에게 주로 가해졌다.

간음한 여인은 북을 이고 맷돌을 등에 진다. 게다가 화살을 귀에 꿰어 온 마을을 돌며 온갖 수모와 모욕을 당하는데, 심한 경우에는 집단으로 매질하여 죽게 하거나 마을에서 추방했다.

이런 잔인한 풍속이 성을 추한 것, 더러운 것, 부끄러운 것으로 여기는 관습에 젖게 만든 원인이 되었음을 부정할 수 없다.

개가 금지(改嫁禁止)를 왕명으로 실시한 성종은 여자의 입장에서 보면 무척이나 잔인한 남자였다. 호색이 인간의 상정이라는 것을 누구보다 잘 알고 있으면서도, 여자만 옭아매는 악법을 실행했기에 더욱 그렇다.

아무튼 임금이 호색을 즐겼고, 호색하는 남자들에게 관대했기 때문에 나라의 성도덕이 문란했다. 나중에 성종도 이것을 깨닫고 백성의 기강을 바로 잡으려는 노력을 아끼지 않았다.

이러던 차에 전라도 장성 땅에 요염하다고 소문난 이화(梨花)라는 기생이 뭇사내를 호린다는 상소를 받고 그녀를 처벌하기로 결정했다.

그러나 누구를 보낼까 하고 고심하던 성종은 신하들 중에서도 가장 여색에 근엄하다는 참판 허민(許珉)을 암행어사로 삼아 파견하기로 했다.

허민은 자기가 특별히 임명된 까닭을 잘 알았음으로 몹시 긴장된 마음으로 장성을 향해 떠났다.

여러 날 만에 장성 경계에 이르른 허 어사는 역졸들에게 내일 장성 감영으로 모이도록 분부했다. 그런 다음 자신은 홀로 평복으로 가장하여 주변의 민심을 살폈다.

한편, 이화를 처벌하기 위해 조정에서 암행어사가 내려온다는 소문이 은연중에 퍼지기 시작하여 마침내 장본인인 이화의 귀에까지 들어가게 되었다.

이화는 그 소문을 듣고도 코웃음을 쳤다.

"흥! 암행어사를 보내 나를 처벌하겠다구! 내가 무슨 역적질이라도 했단 말인가. 남정네들이 나를 가까이하고 싶어 환장을 했지 내가 유혹한 적은 없는데, 무슨 죄목으로 나를 벌준단 말인가. 어디, 암행어산지 개떡인지 오기만 해봐라. 내가 어떤 여잔지 한번 톡톡히 맛을 보여줄 테다."

이화는 이화대로 각오를 단단히 한 다음 하인 하나를 거느리고 장성 입구의 주막에 머물면서 어사가 지나가기만을 기다리고 있었다.

그렇게 며칠이 지난 다음, 해질녘에 드디어 어떤 과객이 그 주막에 들어섰다. 비록 행색은 남루하지만 그 눈빛이 강렬하고 지성미가 넘치는 얼굴로 보아서 예사로운 인물이 아니라는 것을 알 수 있었다.

'옳다! 저 자가 바로 어사임이 틀림없다.'

이화는 한눈에 허 어사의 정체를 파악하고 문틈으로 몰래 그의 거동을 살폈다.

허 어사는 주막 마당의 살평상에 앉은 다음 술과 안주를 주문했다. 민심을 살피면서 오후 내내 이곳저곳을 떠돌았기 때문에 몹시 목이 마르고 다리도 아팠다.

목이 마를 때 마시는 술맛은 특별하다. 그런데 어사를 호리기 위하여 이화가 준비한 술은 더욱 향기롭고 감칠맛이 나는 술이었다. 거기다가 안주 또한 일품이었다.

"어, 술맛 한번 좋다!"

허 어사는 자작으로 몇 잔의 술을 들이켰다. 그러는 사이에 어느새 어둠이 깔리기 시작했다.

이때 눈이 번쩍 뜰 만큼 아리따운 여자가 허 어사의 눈앞에 나타났다. 여인은 소복을 하고 얌전히 방에서 나오더니 허 어사가 앉은 살평상 앞을 지나 천천히 사립문 쪽으로 걸어가는 것이었다.

'이런 시골 구석에 저토록 아름다운 여인이 있다니……!'

술이 거나하게 취한 허 어사는 절세의 미색(美色)을 본 순간 가슴이 후들후들 떨리고 진정을 할 수 없을 정도로 마음이 끌렸다.

"여보게, 주모! 여기 술 좀 더 주오!"

한눈에 미색에 취한 허 어사는 정신이 아득하고 가슴이 울렁거렸기 때문에 연거푸 술잔을 비웠다.

술은 마신만큼 정직하게 취하는 음식이 아닌가! 취하면 취할수록 허 어사의 눈앞에 여인의 미태가 아른거려 참을 수 없을 지경에 이르렀다.

"애! 방금 사립문으로 나간 소복한 여자는 누구냐?"

궁금증을 참다 못한 허 어사는 지나가는 주막 일꾼에게 물었다. 그러자 그 일꾼은 매우 의미 심장한 미소를 입가에 띠우며,

"네, 그 여자는 이 집 주인의 먼 친척이랍니다."

하고 말한 다음 청상 과부가 되어서 지금 이 집에 얹혀 살고 있다고 덧붙였다.

"아, 그 절세의 미녀에게 그렇게도 슬픈 사연이……."

허 어사는 자신도 모르게 마른 침을 꿀꺽 삼켰다. 청상 과부라는 말이 흔들리는 마음을 더욱더 흔들어 놓았다.

허 어사는 그 여인을 다시 보고 싶은 생각이 간절했다. 그

래서 엽전 몇 푼을 그 일꾼에게 쥐어 주며 넌지시 귀띔했다.

"웬지 그 여인과 이야기하고 싶구나. 어떻게 안되겠느냐?"

일꾼은 능글맞게 웃으며 염려 말라는 듯 고개를 끄덕였다.

밤이 점점 깊어갔다. 허 어사는 그 주막에 숙소를 정한 후에 초조한 심정으로 그 여인을 기다렸다. 그러나 몇 시간이 지나도록 여인은 코빼기도 비추지 않았다.

'왜 안 올까?'

허 어사는 마음이 초조하고 몸이 달아 미칠 것만 같았다. 생각 같아서는 직접 그 여인을 찾아가 만나 보고 싶었지만, 체면 때문에 꾹 눌러 참아야 했다.

"아아, 헛물만 켜고 마는 것인가!"

허 어사는 절로 탄식을 하다가 문득 깨달은 바가 있었다. 상사병(相思病)이라는 해괴 망측한 병이 이런 경우에 생기는 것이라는 사실을.

'내가 어쩌다가 계집에게 마음을 빼앗겨 이러는가!'

허 어사는 자신을 질책하며 방바닥에 팔베개를 하고 벌러덩 누웠다. 그런데 천장에 달덩이처럼 훤하게 생긴 그 여인이 웃고 있는 것이 아닌가!

"어휴, 미치겠네!"

허 어사는 벌떡 몸을 일으켜 머리칼을 쥐어뜯었다. 그러다가 자신도 모르게 《시경·詩經》의 한 구절을 읊었다.

손은 부드러운 띠싹 같고
살결은 기름처럼 윤이 난다네
목덜미는 나무굼벵이 같고
가지런한 흰 이는 박씨와 같네
매미 같은 이마에 나방의 눈썹
웃으면 보조개가 어여쁘고
초롱초롱한 눈은 곱기도 해라

허 어사가 처량한 목소리로 시를 다 읊조렸을 때, 발자국 소리가 이쪽으로 가까이 오더니 이윽고 가볍게 문을 두드리는 소리가 났다.

허 어사는 반가운 마음에 후다다닥 일어나서 문을 열었다. 그러나 문밖에는 일꾼 녀석만 덜렁 서 있는 것이었다.

"이놈아! 왜 혼자만 왔느냐?"

"아씨께서는 손님의 마음이 진심인지 아닌지를 모르기 때문에 만날 수 없다고 하십니다."

일꾼의 이 말에 허 어사는 분통을 터뜨렸다.

"이놈아, 네놈이 어떻게 말을 했길래 그런 말을 했단 말이냐? 내가 거짓을 말할 사람으로 보였단 말이냐? 냉큼 가서 내가 진심으로 만나고 싶어한다고 전하여라!"

허 어사는 입술이 바짝 마를 정도로 몸이 달아 일꾼을 쫓다시피 되돌려 보냈다. 그런 다음 뒷짐을 지고 안절부절 못하며 방안을 서성거렸다.

그로부터 다시 가슴 태우는 시간이 한참이나 흐른 후에

누군가가 방문을 두드렸다. 이윽고 조용이 문이 열리며 기다리던 여인이 살며시 방안으로 들어섰다.

"어, 어서 오시게나!"

허 어사는 떨리는 목소리로 말하면서 여인의 모습을 황홀한 눈으로 물끄러미 보았다.

여인은 허 어사에게 큰절을 한 다음 한쪽 무릎을 세우고 다소곳하게 앉았다.

등잔불 밑에서 보는 여인의 아름다움은 이루 형용할 수 없을 정도였다. 그림 속에서 막 빠져나온 요정인 듯, 천상에서 내려온 선녀인 듯 다시없이 고왔다.

허 어사는 천만가지 달콤한 말로 구슬려 삶았다. 백년을 두고 잊지 않겠다고 맹세를 했다.

여인은 묵묵히 허 어사의 말을 듣고 있다가 결심한 듯 얼굴을 쳐들고 나직한 목소리로 입을 열었다.

"이렇게 시골의 천한 계집을 아껴 주시니 무어라 감사의 말씀을 드려야 할지 모르겠습니다. 이제 서방님께서 저를 버리지 않으시겠다는 증표로 소첩의 팔에 서방님 성함을 새겨 주십시오. 소첩은 그것을 증표로 삼아 평생토록 서방님을 따를 것을 맹세하겠습니다."

"알았다. 내 어찌 오늘밤의 맹세를 저버리고 너를 버리겠느냐."

허 어사는 여인의 백옥처럼 하얀 팔뚝에 일필휘지했다.

허민은 한번 맺은 언약을 천금처럼 여기노라!

이리하여 두 사람은 꿈처럼 그 밤을 보냈다. 운우(雲雨)의
즐거움이 너무 컸기 때문에 짧은 여름밤이 더욱 짧게만 느
껴졌고, 그래서 아쉬움을 남기는 밤이기도 했다.

다음날 허 어사는 보무도 당당하게 성안으로 들어섰다.
걸으면서 생각하기를, 일을 마치고 서울로 돌아가는 길에
그녀를 데려가야겠다고 다짐했다.

'이화라는 요망한 기생을 오늘로서 내 손에 처벌된다. 그
동안 뭇사내들을 유혹하여 풍속을 문란하게 했으니 용서하
자 않으리라!'

허 어사는 아주 근엄한 태도로 가슴을 활짝 펴고 장성현
동헌에 들어가 목청을 드높여 암행어사 출두를 했다.

"암행어사 출두요!"

이윽고 현감을 비롯한 육방 관속이 동헌 뜰에 늘어섰다.
그들의 얼굴은 파랗게 질리고, 몸은 사시나무 떨듯 떨고 있
었다.

"여봐라! 어서 형구(刑具)를 차리고 이화라는 계집을 끌
어다 대령시켜라!"

허 어사의 쩌렁쩌렁한 목소리가 동헌 마루를 울렸다.

"이화를 잡아올리랍신다!"

"어서 잡으로 가자!"

"빨리빨리! 냉큼냉큼!"

포졸들이 육모방망이를 휘드르며 우르르 몰려나갔다.

얼마 후 사나운 포졸들의 손아귀에 잡혀 이화가 끌려
왔다. 허 어사는 동헌의 높은 마루에서 내려다보고 있었기

때문에 고개 숙인 그녀를 알아보지 못했다.

"듣거라! 너는 뭇사내들을 닥치는대로 유혹하여 극도로 풍기를 문란시켰다. 그 죄 죽어 마땅하다!"

허 어사는 사정 보지 말고 곤장으로 몹시 쳐서 죽이라는 분부를 내렸다.

"죽을 때까지 곤장을 치랍신다!"

"곤장을 치랍신다!"

포졸들이 재빨리 이화를 형틀에 묶으려고 했다. 이때 이화가 슬픈 목소리로 말했다.

"어사또 나으리! 소인은 평생에 시 읊기를 무척 좋아했습니다. 죽기 전에 시 한 수를 읊을 수만 있다면 죽어도 여한이 없겠습니다. 부디 허락하여 주십시오."

이화의 애절한 부탁에 허 어사는 불쌍히 여겨 허락을 했다.

"여봐라! 죄인 이화에게 지필묵을 주어라!"

이화는 종이 위에 그림을 그리는 것처럼 칠언절구(七言絶句)를 적어 어사에게 바쳤다.

이화 팔뚝 위에
그 누가 이름 새겼는가
님의 이름 아직도 선명한데
님은 벌써 나를 잊으셨나.

이 시를 본 허 어사의 얼굴빛이 하얗게 변했다. 자신도 모르게 신음을 토해냈다.

'으음, 간밤의 그 여인이 바로 이화였단 말인가……!'

허 어사는 눈을 크게 뜨고 형틀 옆에 꿇어 엎드려 있는 이화를 보았다. 이화의 하얀 팔뚝에 검은 글씨가 살아서 꿈틀거리는 것만 같았다.

"아뿔싸, 이 일을 어쩐단 말인가!"

허 어사는 실로 난처했다. 하늘이 노랗게 보이고 머리가 어찔어찔했다. 그녀를 죽이자니 의리에 어긋나는 일이요, 살리자니 추상 같은 어명을 어기는 일이 되는 것이었다.

고민 끝에 허 어사는 이화를 집으로 돌려보냈다. 그런 다음 자세한 사정을 적은 장계(狀啓)를 임금께 올리고 처분을 기다렸다.

임금(성종)은 허민의 장계를 받고 허탈하게 웃었다. 남자가 호색하는 것은 인정으로 막을 수 없다는 것을 새삼 깨닫고 웃는 웃음이었다.

임금의 곧 허민의 장계에 대한 답을 내렸다.

　　자연의 흐름을 그 누가 막을손가
　　이화의 깊은 밭을 허공(許公)이 갈았구료.

호색에는 자신있다고 큰소리치던 허민이 기생에게 꺾인 이 이야기는 지금도 사내들의 탈선을 합리화하고 변명하는 본보기로 흔히 인용되고 있다.

황새의 선물

침실에서의 생활이 잘되면, 모든 일이 잘된다.
— 마스터스 —

"아빠, 나는 어떻게 해서 생겨났나요?"

문득 어린 아들이 이런 질문을 했다. 나는 대답하기 난처했기 때문에 적당히 얼버무렸다.

"응, 황새가 물고 왔단다."

"그럼 아빠는?"

"아빠도 황새가 물어다 주었지."

"그럼 할아버지도, 증조 할아버지도 황새가 물어다 주었나요?"

"그렇단다. 모두 황새가 물어다 주었어."

"아하, 이제야 알았어요, 아빠!"

아이는 이렇게 말한 후에 급히 노트에 다음과 같이 썼다.

"아빠의 증언에 의하면, 우리 집안은 증조 할아버지 때부터 4대에 거쳐 성행위를 갖지 않았다."

멍청한 남편의 몫은 오직 엉덩이뿐

아름다운 아내를 가진다는 것은 지옥이다.
— 세익스피어 —

어느 마을에 어릴 적부터 절친하게 지내오던 두 젊은 장
돌뱅이가 있었다. 그들은 바늘과 실처럼 항상 붙어다니다시
피 했다. 자연히 아내들끼리도 무척 친밀하게 지냈다.

두 사람에게는 비밀이 없었다. 허구헌 날 붙어다니며 이
야기하다보니 못할 이야기가 없었다. 부부지간의 방사(房事)
에 관한 일은 물론이거니와 아내들의 은밀한 부위의 특징까
지 알 정도였다.

영필이의 아내 영자의 옥문(玉門) 옆에 팥알만한 사마귀가
하나가 있다는 것을 달호는 알고 있었다. 달호의 아내 순자
의 엉덩이에 동정 크기의 반점이 있다는 것을 영필이가 알
고 있었다. 그래서 그들은 짓궂게 그 은밀한 부위의 비밀을
아내들의 별명으로 부르고 있었다.

"여보게, 달호!"

"왜 그러나."

"우리가 이렇게 장에 가면 사마귀와 반점은 무엇을 할까?"

"집안 살림을 하겠지, 뭐!"

영필이의 물음에 달호는 대수롭지 않게 말했다. 그러나 영필이는 못내 그것이 궁금한 모양이었다.

"혹시……, 우리 몰래 바람이라도 피우고 있는 것이 아닐까?"

영필이가 농담을 하듯 말하자 달호가 나무랐다.

"이 친구야! 어디 사마귀와 반점이 허튼 짓을 할 사람인가? 그런 망측한 소리는 입에 담지도 말게."

"ㅎㅎㅎ, 자네 말이 맞네. 우리들 마누라처럼 정숙한 여자들이 세상에 또 있겠는가!"

결혼한 지 3개월 밖에 안된 영필이는 아내가 그렇게 사랑스러울 수가 없었다. 직업이 장돌뱅이라서 장이 서는 곳을 찾아 다니다보면 간혹 집에 돌아오지 못하는 경우도 있었다. 그럴 경우, 단 하룻밤을 떨어져 지내는 것도 몹시 안타깝게 생각하는 영필이었다.

영필이에 비하여 달호는 무덤덤했다. 결혼 생활 1년 남짓 지났으므로 신혼의 감정이 고스란히 남아 있을 턱이 없었다.

그날도 타관 장터의 여인숙에서 잠을 자게된 영필이는 눈 앞에 아내가 삼삼하게 떠올랐다.

"마누라도 내 생각을 하고 있을까?"

영필이는 잠이 오지 않아 혼잣말처럼 중얼거렸다.

"사람도 참……! 하룻밤을 못 참는단 말인가. 자네는 사마귀 때문에 평생 먼길은 떠나지 못할 것 같네."

달호가 핀잔을 주자 영필이는 머리맡을 더듬어 담배 한 대를 꺼내 물었다. 라이터를 켜서 불을 붙이다가 무슨 생각을 했는지 불쑥 입을 열었다.

"재밌는 생각이 떠올랐어!"

"재밌는 생각?"

달호가 모로 누우면서 호기심을 보였다.

"내일 집에 가서 이렇게 말하는 거야. 에, 우리가 한 보름 동안 멀리 장사를 떠난다고 말야. 마누라들의 표정을 보는 것이 재미있지 않겠는가? 사랑의 농도도 살펴볼 겸 말일세."

영필이의 말에 달호도 고개를 끄덕였다.

"그럴듯하네, 보기 좋게 한번 속겠군그래?"

단단히 계략을 짠 영필이와 달호는 다음날 집으로 돌아가 여행 준비를 시켰다. 그리고 약속한 날짜에 서로 상대방의 집으로 인사를 하러 갔다.

과연 달호의 아내 순자는 남편의 품에 매달린 채 엉엉 소리쳐 울며 넋두리를 했다.

"제가 그렇게 말리는 데도 당신은 기어코 가시는구료. 길도 멀고 낯선 타향에 가서 벌면 얼마나 번다고……."

이와는 반대로 영필이의 아내 영자는 눈물은커녕 오히려

환한 표정으로 남편의 출발을 분주히 보살피고 있었다,

이윽고 두 사람은 장사 길에 나섰다. 버스에 올라 탄 영필이가 먼저 입을 열었다.

"여보게 달호!"

"왜 그러나!"

"자네 부인이 내 마누라보다 남편을 더 사랑하는 것 같더군. 아까 집을 나올 때 자네 부인이 우는 것을 보아하니……. 그런데 내 마누라는 어떻게 된 게 울지도 않고 되려 웃기만 하더군. 달호 자넨 역시 나보다 행복하네."

이 말을 듣고 달호가 문득 생각난 듯 영필이의 어깨를 치며 말했다.

"참! 지금 내게 재미있는 생각이 떠올랐어."

"뭔데?"

"마누라들은 지금쯤 우리가 멀리 갔을 것이라 생각하겠지?"

"그렇겠지."

"다음 정류소에서 내려서 다시 돌아가 보는 거야."

"왜?"

"마누라들이 무엇을 하고 있는지 보는 거야. 어때?"

"그러지 뭐."

자기 마누라가 웃으면서 자기를 배웅한 것에 자못 기분이 나빠 있던 영필이는 달호의 제안을 받아 들였다.

"아무래도 수상해. 내가 집을 비우는 동안 다른 녀석과 놀아나려고……, 그래 내가 떠나는 게 기뻤던 모양이지?

홈! 어디 두고 보자. 감쪽같이 다시 돌아온 줄을 꿈에도 모
를 거야."

그리하여 그들은 다음 정류장에서 버스에서 내려 집으로
향하는 버스를 탔다. 간단하게 한잔 술로 목을 축인 그들이
동네에 들어 섰을 때는 캄캄하게 어둠이 깃든 밤이 되었다.

두 사람은 먼저 매달려 울었던 달호의 마누라 순자에게로
발을 옮겨 몰래 창문틈으로 들여다 보았다.

아니, 이럴 수가! 은은한 불빛이 새나오는 방에서는 지
금 참으로 낯이 부끄러울 지경의 일이 벌어지고 있었다.

너무나 기가 막힌 영필이와 달호는 누가 먼저랄 것도 없
이 서로 얼굴을 마주 보았다.

달호는 파랗게 질린 얼굴로 분에 못 이겨 온몸을 부들부
들 떨었다. 금세라도 방으로 뛰어들어갈 기세였다. 영필이
가 그런 달호를 조용히 말리면서 계속 들여다 보았다.

낮에 남편이 떠난다고 주먹 같은 눈물을 흘리던 순자, 그
런 순자는 지금 남편이 치를 떨면서 들여다 보고 있는 줄은
꿈에도 모르고 정부의 품에 안겨 갖은 아양을 떨고 있었다.

"이봐요, 미스터 김! 내 모든 것이 다 그대 거예요. 맘껏
안아 줘요, 갈비뼈가 으스러지도록 말예요."

그러자 기생 오래비처럼 히멀쓱하게 생긴 젊은 놈이 말
했다.

"거짓말 마시오! 당신의 남편인가 개떡인가 하는 놈의
몫도 있을 게 아냐?"

그 말이 떨어지기가 무섭게 순자는 벌떡 일어나서 오동통

한 엉덩이를 내보이며 말했다.

"흥? 그 멍청한 놈의 몫은 이것뿐이야. 이제부턴 그 멍청한 놈에게 밤마다 엉덩이를 돌려 대고 잘걸?"

"엉덩이내외를 하겠다구?"

"그래요."

더 보다 못한 두 사람은 힘없이 어깨를 늘어뜨리고 이번에는 웃으며 남편을 배웅하던 영자에게로 갔다.

그들이 고개를 빼고 창문을 들여다 보니, 뜻밖에도 십자가 앞에 촛불을 켜고 영자가 그 앞에 단정히 꿇어 앉아 기도를 하고 있는 것이 아닌가.

"하늘에 계신 아버지! 우리 집 그이가 하루 바삐 무사히 돌아 오게 지켜 주십시오……."

다음날 아침, 두 사람은 가슴에 스며드는 제각기의 감회를 품고 다시 장사 길에 올랐다.

예상 외로 장사가 잘되어 이제 그만 집으로 돌아 가기로 했다.

그들은 각자 마누라에게 줄 선물을 사기로 했는데, 영필이는 기도를 드리고 있던 영자의 갸륵한 마음씨가 고마워 큰 마음 먹고 비단 한 필을 샀다.

달호도 비단을 샀는데, 아무 데에도 소용 없을 정도로 작은 조각을 샀다.

이상히 여긴 영필이가 그 까닭을 묻자, 달호는 씁쓰레한 미소를 지으며 말했다.

"마누라 몸에서 엉덩이만 내 것이니까 이 정도만 사도 돼.

아무리 미운 마누라라 하더라도 내 것인 엉덩이만은 옷을
입혀 줘야지 않아?"

집에 돌아 온 두 사람은 가족들과 회포를 푼 다음 선물을
나눠 주었다.

순자가 자기 몫으로는 비단 한 조각밖에 없는 것을 알고
펄펄 뛰며 성을 내었다.

그러자 달호는 눈가에 슬픈 미소를 지으며 천연덕스럽게
말했다.

"멍청한 내 몫은 엉덩이뿐이잖아! 그래서 엉덩이 가릴
것만 사 온 거야. 왜, 잘못 됐나?"

그 말을 듣는 순간 순자의 얼굴이 새파랗게 질리며 몸을
사시나무 떨듯 했다.

세상은 요지경
― 다른 남자에게 아내를 선물한 이야기 ―

사랑은 어떤 점에서 야수를 인간으로 만들고
다른 점에서는 인간을 야수로 만든다.
― 우나무노 ―

〈세상은 요지경〉이란 노래가 유행한 것처럼, 참으로 세상은 요지경이다. 웃지 못할 해프닝이 많다.

어느 남편이 사랑하는 아내를 다른 남자에게 선물했는데, 그 진상은 다음과 같다.

진 아무개 씨는 무척 어리숙한 남자였다. 그렇지만 돈 많은 부모 덕에 30대 초반에 꽃같은 아내를 맞이했다.

진씨와 한 동네에 박씨 성을 가진 교활한 놈팽이가 있었다. 박씨는 어리숙한 진씨를 호구로 삼고 그의 주머니를 야금야금 우려먹는 위인이었다.

그런 위인이 진씨의 아내를 보고 침을 삼켰다.

"자네, 세상에서 가장 재미있는 일이 무엇인가를 알고 있나?"

어느 날 박씨는 소주를 마시면서 수작을 부린다.

"뭔데요?"

지능이 떨어진 사람일수록 알고 싶은 것이 많은 법. 박씨는 진씨의 그 점을 이용하여 속삭인다.

"남녀의 그 짓을 옆에서 구경하는 재미가 최고야. 자네는 구경해 봤어?"

진씨는 고개를 흔든다.

"애석하군! 정말 애석한 일이야! 그렇게 짜릿하고 흥미로운 구경을 아직도 못했다니……."

박씨는 온갖 말로 진씨의 호기심을 자극하여 마음은 들뜨게 만든다.

"어때? 그런 광경을 구경해 보고 싶지 않나?"

박씨의 은밀한 유혹에 진씨는 귀가 솔깃하여 멍청하게 고개를 끄덕인다.

"어떻게 그것을 구경하지요?"

"간단한 방법이 있어!"

박씨는 진씨의 귀에 입을 대고 무엇이라고 속삭인다.

"옳아, 그런 방법이 있었군요!"

진씨는 손뼉을 치면서 좋아했다.

그날 밤, 진씨는 박씨를 자기의 집으로 데려가서 늦도록 술을 마셨다.

"여보, 박씨 아저씨와 한번 해!"

진씨의 입에서 실로 엉뚱한 말이 터졌다.

"대체 뭘 하라는 거예요?"

해괴 망측한 남편의 말에 그 아내는 눈을 동그랗게 뜨고 물었다.

"그것 있잖아. 남자와 여자가 하는 것."

"당신 미쳤어요?"

진씨의 아내는 화를 내며 소리를 빽 질렀다.

이때 박씨가 다짜고짜 여자를 덮쳤다. 남편이 두 눈 벌겋게 뜨고 지켜보고 있는 가운데 강간을 시도하는 것이었다. 엎치락뒤치락 하는 일대 소란이 일었다.

"어이쿠, 내 코야!"

진씨의 아내는 강제로 키스를 하려고 입술을 비비는 박씨의 코를 사정없이 물어뜯었다. 박씨가 화들짝 놀라 비명을 지르며 자기의 코를 감싸고 있는 틈을 타서 진씨의 아내가 옆방으로 도망을 쳤다.

그러자 진씨는 열쇠로 방문을 열고 박씨를 아내가 숨어 있는 옆방으로 들어가게 했다.

"좀 도와줘!"

박씨가 진씨에게 도움을 청했다. 진씨는 아내가 항거하지 못하도록 손을 잡고 박씨가 일을 수월하게 치루도록 도왔다.

아닌 밤중에 홍두깨라더니, 정말 어이없이 당한 진씨의 아내는 망연자실했다. 억울했다. 울분이 끓어올라 참을 수가 없었다. 그래서 경찰에 신고를 했다.

"허어, 세상에! 자기 마누라를 다른 남자에게 강간하도록 만든 사람이 어디 있단 말이오?"

취조하던 경찰의 꾸짖음에 진씨는 머리를 긁적이며 중얼
거린다.

"세상에서 가장 재미있는 일이라기에……."

사랑이란 무엇인가

사랑은 이런 것이다

-재미있는 웃음거리-

2021년 11월 5일 인쇄
2021년 11월 10일 발행

지은이 | 이 정 빈
펴낸이 | 김 용 성
펴낸곳 | 지성문화사
등 록 | 제5-14호(1976.10.21)
주 소 | 서울시 동대문구 신설동 117-8 예일빌딩
전 화 | (02)2236-0654
팩 스 | (02)2236-0655, 2236-2952

정 가 | 18,000원